江门文史

U0897198

目录

CONTENTS

006 文史专题：非遗流芳

008 “台山广东音乐”的由来……………………口述/刘英翘　整理/麦博恒

016 荷塘纱龙的演变及民间发展基础……………………宋旭民

023 蔡李佛拳发展的历史源流

…………江门市新会区文化馆　江门市新会区非物质文化遗产保护中心

037 新会葵艺：历史久远　加工出神入化

………　江门市新会区文化馆　江门市新会区非物质文化遗产保护中心

053 白沙茅龙笔的制作技艺……………………江门市非物质文化遗产保护中心

061 凌空之美　飘然欲飞

——台山市斗山镇浮石村飘色发展始末……口述/赵汝潜　整理/甄永光

075 扎灯 送灯 充灯 起灯 舞灯 打灯

——记2016年的泮村灯会……………………………………………宋旭民

089 新会陈皮:药典里的金子

…………江门市新会区文化馆 江门市新会区非物质文化遗产保护中心

094 侨乡侨事

095 《新宁杂志》的停刊、复刊之路………………………………… 麦博恒

097 温哥华冈州总会馆简记……………………………………………陈锦堂

101 鹤山"巡城马"…………………………………………………………何翔

105 新会史上第一位归侨黄敬斋考………………………………黄柏军

目录

CONTENTS

110 家乡地情

111 百年名校紫茶小学……何耀权

113 水街农贸市场的前世今生……何耀权

115 古驿道——司前路段考……梁流文

119 羊桥市往事……陈锦堂

122 台城人民广场忆旧……蔡锋

125 新楼渡槽修建始末……黎彩娟

129 **故土英才**

130 司徒美堂在鹤山……………………………………………何翔

134 李春华难忘的外交片断……………………………………黎彩娟

139 举重王子李宏利…………………………………陈彩凤　陈罡

145 热血青年陈宝骢……………………………………………陈飘石

158 新会“机器王”陈伯涛……………………………………钱源初

162 赵灼:编译《纳氏英文法讲义》…………………………… 蔡锋

165 吴有恒鲜为人知的往事……………………………………谭国锋

170 《寒月夜归图》的故事……………………………………陈飘石

文史专题。

非遗流芳

前言

非物质文化遗产是人类文明的优秀载体，承载着区域文化共同体的历史记忆与智慧结晶。

作为中国侨都，江门有着深厚的文化积淀，拥有种类繁多、风格独特、丰富多彩的文化遗产，遍布五邑大地的各种传统音乐、曲艺、传统美术、手工技艺和民间习俗等非物质文化遗产便是重要的组成部分。

截至2024年1月，江门市现有各级非遗代表性项目305项，其中有8个为国家级非物质文化遗产：

（1）扎根于台山侨乡文化的深厚土壤，接受西方音乐文化的荡涤洗礼，逐步形成了独具特色的音乐艺术和风格特点的广东音乐；

（2）技艺舞姿变化多样，舞动时烛光闪闪、飞跃行云，栩栩如生、千姿百态、变化多端的荷塘纱龙；

（3）拳路气势磅礴、刚柔相济、别具一格，有“南拳北派化”之称的蔡李佛拳；

（4）有1600多年历史，将编织、绣花、绘画和印花等工艺融为一体，加工达到出神入化境地的新会葵艺；

（5）明代理学家、诗人、书法家陈白沙先生（陈献章）用茅草创制，书写刚劲有力、气势豪放的白沙茅龙笔；

（6）以八九岁的儿童装扮成戏剧故事、神话传说中的人物，由大人用“色柜”抬着巡游，祈求人口平安、五谷丰登、六畜旺相的浮石飘色；

（7）敲锣打鼓、舞龙舞狮，举着装饰精致华美的大花灯巡游的泮村灯会；

（8）将新会柑经开皮、晒制、陈化等程序，精心制成，供药用和日常烹调的新会陈皮，其炮制技艺民间世代传承数百年。

让我们走近这些非物质文化遗产，“阅读”古人留给今人的“信件”，体验游子心里的一抹乡愁，共同守护我们生活的这片土地的根。

2023年10月28日，台山市广东音乐团小分队在台山市华侨历史文化协会举行的有关活动上演奏广东音乐　麦博恒　摄

“台山广东音乐”的由来

口述/刘英翘　整理/麦博恒

2006年5月20日，广东音乐被确定为首批国家非物质文化遗产，归广州市和台山市共同拥有，在广州市前面标“广东音乐”，在台山市前面标“台山广东音乐”，可喜可贺。“台山广东音乐”是如何得来的呢？

广纳百川　吸其精华

清朝中期以后，昆曲、弋阳腔、梆子、高腔、徽剧、汉剧、乱弹、祁阳戏等外省戏曲艺术先后传入广东，为广东的粤剧、曲艺和广东音乐的形成提供了养分，创造了条件。

19世纪中晚期，广东音乐吸纳中原古乐、昆曲和江南小曲小调等外省音乐文化以及西方音乐元素，融合本地民歌、语言艺术和风俗习惯而产生、流传和发展，最后融合成为珠江三角洲一带以及粤西、广西广府方言区的纯器乐演奏的民间音乐。

因此，广东音乐是经过明代万历至清代咸丰、光绪年间长达300多年的孕育和发展，才形成的一个独立的乐种。

20世纪30年代，广东音乐出现了前所未有的繁荣景象，民间乐社层出不穷，精于演奏又擅长作曲的广东音乐家脱颖而出，创作出了一大批清新悦耳的广东小曲。音乐唱片的兴起和电台广播的风行，更是推动了广东音乐的传播。在本土音乐文化与外来音乐文化的融合中，旋律优美、富有特色的广东音乐，与北国古乐、江南丝竹一起，形成三足鼎立之势，在全国产生了较大影响。

广东音乐在中华民族音乐体系中，有着独特的地位。全国"两会"每到选举重要环节，播放的乐曲就是由吕文成（广东省中山市人）创作的广东音乐《步步高》；在国宴中，其中播放的乐曲就有由台山音乐家丘鹤俦创作的广东音乐《娱乐升平》。

因此，广东音乐是外省音乐文化在本地扎根，和本地风俗习惯、语言和艺术相结合的产物，是伴随着粤语在戏剧中的使用、唱腔的改革和创新、曲谱的编印、西洋乐器的引进而发展壮大起来的，形成了乐观向上、明快爽朗的新风格特点，表现出色彩斑斓、绚丽多姿的音乐形态。

乐社盛行　博采众长

广东音乐在台山具有非常广泛的群众基础，台山民歌是广东音乐的原始素材，"八音班""私伙局"等民间乐社发展壮大，是推动广东音乐事业发展的动力，"八音班"是广东音乐发展的前身和表演载体。

明末清初，台山形成了以"八音班"为样式的民间音乐队伍，"八音班"是广东音乐的雏体和原生态载体。台山人称"八音班"为"锣鼓架"，"八音"是指用金、石、土、革、丝、木、匏、竹八类材料制成的乐器所奏音乐的统称。清朝中叶，群众已不满足于"八音班"单纯演奏乐曲的活动，"八音班"为迎合群众口味，开创出一条乐曲演奏与戏曲演唱相结合的道路。

18世纪是中国的"康雍乾盛世"时期，"八音班"大行其道，他们大多演奏佛教音乐和民间小调，如《万年欢》《三皈依》《渔家乐》等曲调。19世纪60年代以后，由原官话演唱改用粤语演唱，更加贴近群众，这不仅大大加快了"八音班"演奏乐曲和演唱戏曲结合的发展，"八音班"的活动也进入了繁荣兴旺的时期。

近百年来，台山的广东音乐社团林立，创作、研究和演奏活动异常活跃。1938年，由台山梁衡等5位著名

“国字号”传承人刘英翘在演奏　台山市政协文史室　供图

“八音班”班主牵头成立了当时台山规模最大的“八音班”——“台山县音乐工会”，会员有1000多人，迅速形成了一支广东音乐的创作队伍，创作了大量广东音乐，包括《大开门》《小开门》等120多首牌子曲、《八仙贺寿》等14首套曲牌子，以及演唱时长约为一个半小时的《六国封相》全套演出剧本等。这些曲牌、曲目丰富了“八音班”的演奏内容，而且融入了娓娓动听的粤剧粤曲唱腔，从各个侧面反映社会生活，表现喜怒哀乐的感情，深受群众喜爱。

台山广东音乐活动的演奏和演唱内容，随着历史的发展而发展。演奏、演唱内容分为锣鼓乐、吹打乐、吹弹唱三大类；乐曲和唱本内容有牌子、小曲小调、广东音乐和戏曲唱本四大品类。

台山“八音班”扎根于普罗大众的生活中，以服务乡间红白喜事为生存依托，活动遍及城乡，在重要节日或者农闲期间，每到晚上都有“八音班”表演，“八音班”成为侨乡台山文化艺术的一个品牌。

“八音班”的蓬勃发展，特别是清末民初戏曲演唱由用普通话唱改为用粤语唱以后，“八音班”活动已逐步把演奏曲乐与演唱新曲融为一体，挖掘、培养了一大批粤曲演唱家，陆续涌现了一批如马丽明、李翠芳、曹秀琴、陈玲玉、黄直槐等享誉国内外的台山籍演唱名家。

自1967年起，台山“八音班”前辈为使演奏广东音乐这一传统文化活动后继有人，在台城青少宫和台城二小成立了少儿广东音乐演奏团，历时50余年。据不完全统计，有1000多名小学生参加了集训和表演，每位学生均学会一种至两种八音乐器，其中有20多人成为专业乐手或演员。

因此，广东音乐有着源源不绝的艺术生命力，“八音班”为广东音乐事业的发展和培养音乐人才起着积极的推动作用。

折中中西　融合古今

台山民间乐社的发展历史，是华侨经济、民族经济兴旺，以及深厚的群众基础和深邃的文化沉积的综合体现。广东音乐通过台山和台山籍广东音乐家在海内外得到广泛传播，其影响力既具有地方性，又具有国际性，为广东音乐注入强劲的发展动力。

清末民初，时属台山县管辖的新昌（1952年6月，新昌划归开平县管辖）因广东音乐、“八音班”的发展而兴起民族乐器锣鼓手工制造业，产品丰富多彩，质优价廉，成行成市，产品畅销海内外，为广东音乐的传播与发展、“八音班”的表演活动提供了丰厚的物质条件。

台山人赴外国谋生时，不忘带上新昌生产的乐器离开家乡，他们在工作之余，演奏家乡音乐，排遣孤独，寄托乡思，以解乡愁。后来，旅外谋生的乡亲不断增多，他们便在居住地以同乡会所、氏族会所为平台，组建了音乐、曲艺、粤剧社团，通过乡音沟通感情，联络乡情，守望相助。他们率先在侨居国将广东音乐、粤剧、粤曲广为传播，至今已有100多年历史。

19世纪50年代，旅居美国旧金山台山人黄荣光，先后创办了“丹山凤粤剧团”“丹山凤戏院”，其粤剧团是当地最早的粤剧戏班之一。20世纪初，白沙镇旅居加拿大埃德蒙顿的马氏乡亲，为响应孙中山派遣林森赴加拿大为中华革命军筹款创办了剧社，通过义演而筹得巨款，支持孙中山开展革命活动。当时该社没有名称，林森就把剧社命名为“警世钟剧社”，并撰写对联“警起冥顽频喧暮鼓，却除魔孽迭敲晨钟”、横批“时势英雄”赠给该社。从20世纪90年代中期起，该社已由单一的粤剧演出团体发展成为一个综合性艺术团体，但仍以粤剧、粤曲演出和培训为主。此外，还有台山人创办的美国旧金山“南中国乐社”、加拿大温哥华“振华声乐社”，它们均有百年历史。

时至今日，美国的旧金山、纽约，加拿大的温哥华、多伦多等台山侨民聚居的大城市，由台山人主持的音乐曲艺和粤剧社团比比皆是，经久不衰。

与此同时，台山旅外乡亲把梵铃（小提琴）、黑管（单簧管）、色士风（萨克斯管）、吐林必（小号）和电吉他（六弦琴）等西洋乐器从国外带回家乡，融入家乡的“八音班”中，因此，台山“八音班”独树一帜，形成中西合璧，有别于广东、广西内地传统的“八音班”。

另外，从20世纪30年代开始，台山籍乐手（特别是萨克斯管乐手）遍布在省、港、澳的专业粤剧团和音乐曲艺团体中。当时国内没有能力生产，而且价格昂贵，所以，内地乐手买不起小提琴、萨克斯管等西洋乐器，甚至初次见到还觉得新奇，而台山则全是旅外乡亲从国外购买回来。因此，台山赢得了“没有台山乐手便不成（广东音乐）乐队”的美誉。

20世纪20年代以前，广东音乐以琵琶为主奏乐器，辅以筝、箫、三弦、椰胡等，接着出现称为“五架头”组合，使用二弦（粗弦硬弓）、提琴、三弦、月琴、横箫5种乐器，俗称“硬弓形式”。1926年开始使用“三件头”演奏，以二胡（改用钢丝弦，现称粤胡）主奏，辅以秦琴、扬琴，俗称“软弓形式”。后来，在此基础上又增加了一些丝竹乐器和西洋乐器，带规律性的使用装饰音和“加花”的旋律发展法被普遍运用，从而使广东音乐逐步成为明显有别于其他地域的民间乐种，形成了自己独特的风格。广东音乐的这些变革，高度凝聚了台山侨乡文化和侨乡音乐家的贡献。

由此可见，广东音乐扎根于台山侨乡文化的深厚土壤，接受西方音乐文化的荡涤洗礼，逐步形成了独具特色的音乐艺术和风格特点；历史文化传承、演奏乐器和形式的创新，是台山具有广东音乐形成的社会和经济条件；台山侨乡的形成和侨乡文化，是广东音乐文化“折中中西、融合古今”的重要载体。所以，台山是广东音乐产生、形成、发展和传播的重要地方之一。

辛勤耕耘　守正创新

台山籍广东音乐家层出不穷，他们默默耕耘，辛勤创作，成绩斐然；他们为了普及、提高和发展广东音乐，孜孜不倦，敬业爱岗，收集、整理和编写了一大批关于广东音乐的专著和曲集。

据不完全统计，台山人创作的广东音乐各种曲目有300多首，在各类报刊发表、演奏录制的有100多首。1984年，广东省民间音乐研究室主编的《粤乐新声》，收入中华人民共和国成立以来广东音乐创作曲选100首，其中，台山籍作者有13名、作品占18

件。旅加拿大乡亲、加拿大“岭南音乐社”社长刘南贵主编的《台山人广东音乐作品集》，收入30多位台山作者近百件作品。因此，台山籍广东音乐家为繁荣广东音乐作出了重要贡献。

广东音乐主要奠基人之一、一代广东音乐宗师丘鹤俦创作的《娱乐升平》《狮子滚球》《柜见欢》《双龙戏珠》《声声慢》《活泼精神》等一批广东音乐作品，至今仍为常奏曲目。高胡演奏第二代宗师刘天一创作的合奏曲《放烟花》、高胡独奏曲《鱼游春水》、古筝独奏曲《纺织忙》等作品脍炙人口，前两件作品成了全国民乐演奏考级的必选曲目。陈品豪(《丰收之歌》《喜燕归堂》)、黄日进(《百尺竿头》)、陈添寿(《春风笑语》《故乡万缕情》《丰收抒怀》《卖花女》《腾飞》《心潮》《河山恋》《沸腾的南沙》《鸿燕展翅》《川岛之醉》)、刘光伟(《渔汛》)、李灿祥(《欢乐的羊城》)、黄家齐(《唐山行》)、甄锦良(《山村笛声》)、陈涛(《丹霞日出》)、刘仲文(《旭日照渔帆》)、陈鸿燕(《丰收锣鼓》)、刘南贵(《侨乡行》)、陈哲深(《水乡儿女绣春色》《欢腾的工地》《田园争秀》《贺丰年》)、黄日进(《百尺竿头》《旖旎风光》)、刘英翘(《川岛欢歌》《桑梓情深》《喜盈门》)、李剑昌(《惜别》)、朱英俊(原创广东音乐作品选《印象侨乡》)等台山籍广东音乐家所创作的广东音乐，曲调优美，韵味迷人，都为行家首肯的好作品。这些作品在海内外广泛传播，为继承、发展和丰富广东音乐事业作出了积极贡献。

丘鹤俦于1916年编著出版迄今见到最早的“广东音乐”曲集《弦歌必读》、1919年编著出版的《琴学新编》(上册)、1921年编著出版的《琴学新编》(下册)、1921年编著出版的《弦歌必读》(增刊)等著作，在广东音乐发展史上起着划时代的作用。荣获国务院授予“有突出贡献艺术家”荣誉称号的李凌于1957年编著出版的《广东音乐》(第1～2集)及其序言的阐述，有力地推动广东音乐在普及基础上跨进一大步。2003年，黄家齐与广州籍音乐家黎田合作编辑出版的《粤乐》，成为演奏、研究和发展广东音乐的重要资料，填补了广东音乐理论的一大空白。陈哲深于1977年编著油印的《广东音乐创作选》(第1集)、1978年编著油印的《广东音乐创作选》(第2集)、1979年编著油印的《广东音乐创作选》(第3集)、1998年编著出版的《台山民间歌曲集》，台山文联、文化馆于1985年编辑出版的《台山曲艺音乐选》，黄日进于1997年编辑出版的《广东音乐：高胡曲选》，陈杰华于1998年编著出版的《粤剧唱腔音乐资料大全》，以及陈涛、李灿祥等台山籍名家，潜心钻研广东音乐所形成的理论成果，为广东音乐研讨工程添砖加瓦、增添光彩，有力地推动了广东音乐进一步向前发展。

在育才和传播方面，台山籍音乐家贡献巨大，桃李满天下。著名二胡演奏家王国潼（祖籍山东）、闵慧芬（祖籍江苏）都师从刘天一研习广东音乐高胡的演奏技巧和风格。星海音乐学院教授黄日进培育出余其伟（开平籍）、陈国产（台山籍）等一批演奏家。1996年，广东歌舞剧院琵琶演奏家李灿祥，联同陈添寿（台山籍）、刘国贵（台山籍）、黄观强、张珠等演奏家，组成“广东音乐五架头”，率先赴我国台湾地区在台北市音乐厅等地举办专场演出，广受欢迎和肯定，开启了以乐队的形式向宝岛传播广东音乐的先河。陈涛在广东舞蹈学校退休后，投身校园、深入社区兴办乐团传艺授徒。香港中乐团笛子演奏家陈鸿燕，不但随团将广东音乐传遍世界直至联合国总部，还兼职香港几所大专院校客座笛子导师，不少学生已成为香港广东音乐团体的中坚力量。一大批活跃在省、港、澳和海外，祖籍台山的专业或业余音乐工作者，在旅居地不遗余力地开馆授徒或组织社团登台表演，大力传播广东音乐（粤剧、粤曲）艺术。

由于广东音乐与粤剧、曲艺息息相通，因此，孕育出李鹰航、甄伯蔚、梅耐寒、伍伯就、李焕维、伍啸鹤、黄

广东音乐传承基地的学生在上课　台山市政协文史室　供图

宗业、黄龙练、黄家齐、陈其湛、陈品豪、黄日进、刘光伟、陈添寿、李灿祥、黄国山、李国安、陈涛、刘国贵、刘仲文、陈鸿燕、陈兆槐、陈国产、靓玉麟、李翠芳、陈小汉、马丽明、曹秀琴、陈玲玉等一大批台山籍音乐、戏剧、曲艺名家。

此外，台山于1994年成立了有会员数十人的全省第一个"广东音乐研究会"，来自台山各行各业的会员都擅长演奏"八音"，他们热爱广东音乐，定期而聚，定期出版《粤乐研究》《宁城演唱》，对广东音乐、"八音班"的资料收集、挖掘研究、创作和演奏活动作出了重要贡献。

20世纪60年代，李凌在《岭南音乐》上发表了《广东音乐之乡——台山》一文，阐明了广东音乐离不开台山这片热土，有了台山文化沃土的滋养，有了台山人民历史现实生活的培育，才能加快促进广东音乐的孕育和发展。

1988年，台山县被命名为广东省"广东音乐之乡"；1995年，台山市农民艺术团参加第二届中国农业博览会演出荣获金奖；1998年，台城被广东省文化厅命名为"广东省民族民间艺术之乡"；2001年，台山市被中国曲艺家协会命名为"中国曲艺之乡"；2003年，广海镇曲艺社参加全省民间艺术大赛获二等奖；2004年，台城新凤鸣音乐由艺社代表台山市参加全省曲艺大赛获二等奖，参加全国曲艺汇演获二等奖；2008年，国家文化部授予台城街道办"中国民间文化艺术之乡——广东音乐"荣誉称号。

综上所述，广东音乐于2006年5月入选国家首批非物质文化遗产名录，归台山市和广州市共同所有，台山成为广东音乐之乡，实至名归。

口述人：刘英翘，男，1950年出生，台山市水步镇乔庆村村委会瑞龙村人，台山广东音乐团常务副团长、音乐总监、艺术指导教师，广东省竹笛学会常务理事，台山市优秀文艺工作者。会演奏多种乐器如单簧管、萨克斯风、二胡等多种民族乐器，笛子吹奏尤为见长，形成个人独特的演奏风格，从艺近50年来，不断参加国内外各项文艺演出、为台山培养了一大批音乐人才，同时，积极进行广东音乐创作，主要音乐作品有《川岛欢歌》《桑梓情深》《喜盈门》等，为推动台山广东音乐创作起到了积极的作用。2012年12月，广东省文化厅命名其为"广东省省级非物质文化遗产项目广东音乐的代表性传承人"；2018年5月，中华人民共和国文化和旅游部认定其为"国家级非物质文化遗产代表性项目广东音乐的代表性传承人"。

荷塘纱龙的演变及民间发展基础

宋旭民

荷塘纱龙的演变历程

荷塘原属新会，后划归蓬江。荷塘很多乡村原来都有舞龙的民俗，篁湾、三丫泰通里、唐溪霞村等村有纱龙，高村有火龙。如高村火龙，在每年农历八月十二日巡游，村民用特制的香插成龙的形状，晚上以花炮庆贺，点燃龙头、龙身的香，走村过巷，祈求本村人口昌盛、身体健康，五谷丰登。[1]但很多村落的龙舞逐渐式微，特别是在改革开放之后，已经组织不起来了，唯有篁湾的纱龙仍然红火，并于2008年入选国家级非物质文化遗产。

篁湾村为单姓村，全村90%的人口为李姓，人口6000多人。

相传该村早在宋代已有舞龙历史，但当时龙的制作非常简单，主要是用禾秆草、竹子等材料制作，村民只会游龙而不会舞龙，主要是用于天旱时祈雨。但这段历史不可考，只是

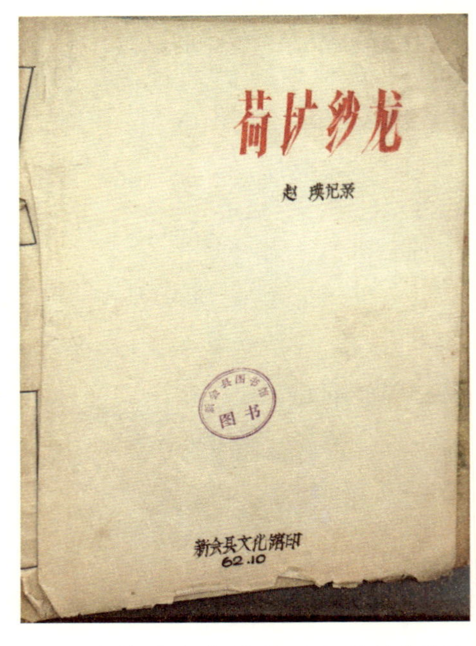

收藏于新会景堂图书馆的《荷塘纱龙》龙谱　宋旭民　翻拍

乡间耆老的说法，不同人的说法存在出入，也常将朝代混淆。

（一）借鉴四川龙灯

比较可信的说法是在明代。此

新会电影公司拍摄于20世纪60年代的荷塘纱龙画面　宋旭民　截图

时期随着大批移民由南雄珠玑巷进入珠江三角洲，为该地区带来了数量众多的劳动力，是该地区全面开发时期。[2]而经过较长时间的中原文化熏陶，使当地的文教水平长足发展，特别是新会县出了一个在当时名振九州的大儒陈献章，陈献章在江门镇开馆授徒，荷塘有不少子弟前去学习。据《容氏族谱》记载，当时容姓子弟中有8人是陈献章的弟子。[3]这些人才的培养有力地促进了当地的文化事业发展。

篁湾村的李锦洲，曾为荷塘镇文体中心工作人员，据他介绍，相传明代时期，荷塘篁湾举人李唐佐任四川候补县官，对当地乡民耍龙灯很感兴趣，经常与舞者切磋舞技，回乡后与乡中叔伯兄弟研究，以四川的龙灯作参考，发挥本地壮大的“游龙”形象优势，融合四川“彩龙”玲珑活泼的特长，扎成“纱龙灯”。同时，又将四川的“游龙抢宝”(以元宝作引龙)改为富有本地特色的龙吐珠，以珠引龙。舞技则取四川“彩龙”的滚、缠、盘等款式演变，赋予纱龙舞矫健威武、花式灵活多变的特点，从此正式开创了荷塘纱龙的历史。

(二)借鉴日本舞龙

当地族人口耳相传，说是20世纪20年代在日本留学的李姓族人李育颖提议，根据日本北能舞龙的习俗，将荷塘纱龙进行改进，龙身披精薄轻纱，以红、黄绸作鳞，红、绿绸作裙，贴金绘彩，显得高尚纯洁、色彩瑰丽、玲珑剔透、轻巧灵活。同时，编排一套高难度跳龙技巧。为了提高纱龙晚上表演的效果，龙身内点燃防风、防滴的特制蜡烛，舞起来烛光闪耀，上下翻滚，时明时暗，栩栩如生，宛如一条不断滚动的彩虹。居高临下观看，大有“展翅欲凌三级浪，昂首直上九重天”之气概。

除此之外，荷塘纱龙通过迎神赛会等平台，与周边地区的龙舞团体有很多切磋机会，相互学习、相互借鉴，使现时不少龙舞花式与周边龙舞大同小异。因此，有学者认为，荷塘纱龙的传承发展是西来（中国西部传入）、外来（国外传入）与自相传播相结合的一个典型代表。[4]

（三）当代舞龙规模

据笔者实地观察，现时的荷塘纱龙全长52米，共有24节，其中龙头1节、龙身22节、龙尾1节；表演人员84人，包括龙珠4人、龙头5人、龙身22节共68人、龙尾4人、鱼3人；乐器演奏6人，包括高身细鼓1人、镶边大铜锣1人、小铜锣2人、文武高低音2人；另有机动10人（包括摆桩、候补替换），共计100人。

当地耆老李振图介绍，在起用新龙头时，会有画龙睛、龙上水等仪式。中华人民共和国成立前，重要的龙舞仪式后，龙头会进行竞投，族人价高者得，拿回家中供奉。

而整个龙舞有20多种花式，现时的表演一般分成4个部分，包括拜神仪式、金龙点睛、金龙起舞和金龙巡游，持续一个多小时，有时也会应主办方的要求，增加一些表演内容，如巡游采青等。而夜晚的演出会在龙身加入防风龙烛，使整条龙更加光彩夺目，具有极强的艺术感染力，这也是荷塘纱龙最具魅力的地方。

有关荷塘纱龙的文献

荷塘纱龙在当地文人中留下的记载不多，现时查到最为显著的是潮连的教育家卢湘父为当地耆老李庄渠的诗集《颐圃诗文稿》所作序文，对荷塘纱龙大加赞赏：舞龙为篁湾绝技，是岁秋演戏舞龙，一时极盛。[5]

而在荷塘民间，舞纱龙则在一代代的荷塘人心中留下不可磨灭的印象。不少荷塘人在回忆时都会提到荷塘纱龙，就如下面这篇博客，回忆父亲带自己去看纱龙表演，其描写的情境如在眼前：

对纱龙的记忆，缘自于小时候的一个晚上，父亲用单车载着我，去荷中的球场观看纱龙。

在夜色中舞动的荷塘纱龙　宋旭民　摄

父亲从附近学校的课室搬来书台，让小小的我站在书台上观看。

球场及周围都一片漆黑，唯独纱龙全身透着火红的光，里面点着蜡烛，当然还有龙珠和鱼灯。

舞龙的大叔们头上和腰上扎着红绸，赤裸着上身，下面穿着长棉裤和布鞋。听说烛油滴在身上不怕痛的都是勇士。随着锣鼓声的响起，蛟龙出海，追随着龙珠在海面上翻滚，两旁鱼灯伴着蛟龙翩翩起舞，蛟龙时而咬着自己的尾巴玩耍，时而从自己的身下或身上穿行，动作一气呵成，惊险刺激，甚至跳到半空中摘龙珠，有时会将龙珠反反复复地吞入口中，再吐出来，最高难度的是将自己盘成一个螺旋状，龙尾旋至最高处，或龙头在半空中追逐龙珠，龙尾盘在地上摇摆。

曾任荷塘镇中心学校的校长李秋华（相当于镇教办主任，管理全镇的教育工作）表示，该镇大力倡导“一校一品”，在篁湾小学则强调纱龙文化，组织学生学习龙舞和制作纱龙。一篇报道中提到，时为六（4）班学生的李锦泽便是其中之一，他是篁湾村人，家里四代都会舞龙，爸爸和爷爷则是篁湾龙会的成员。说起“舞纱龙”，李锦泽兴奋地说：“我从幼儿园就开始看舞龙了，那时候还小，看着爸爸舞龙觉得很帅气，现在我也可以舞龙了！”[7]另一篇报道中，李珺磊则为了纱龙训练放弃了看电视等娱乐节目。[8]

通过这些细节可以看出，荷塘纱龙在当地有着非常深厚的群众基础，对当地社会有深刻的影响，其传承发展也有着非常明显的优势。

民间信仰对荷塘纱龙发展的影响

（一）民间信仰为荷塘纱龙提供了群众基础

荷塘的水神信仰多样，其中就有龙母、龙王这些神灵，而在民间传说中，龙也具有司雨的职能。因此，荷塘乡民对龙有着深厚的认同与崇拜，认为这是吉祥、喜庆的象征，并形成了众多的仪式活动。

李姓宗族每次在重大节庆舞完纱龙，都会将龙头分拆出来进行投标，大家积极追捧，往往会以较高价格投出，投得者将其供在本家的神楼之上，认为因此能获得一年的好运。1935年，曾有人因不能投得龙头而与投得者动武，差点酿成血案。[9]

荷塘纱龙还有一个独特的仪式，就是巡游采青。在纱龙巡游过程中，沿途的商家或民居会打开大门，悬挂红包，招引龙队采青。龙队一般会在门前表演一套动作，然后把红包取走。[10]李锦洲介绍，在表演之余，人们还会“穿龙底”，从龙身穿过去以求获得“龙气”，有人也会偷偷摘块龙鳞回家，将其供奉起来。除此之外，当地还有买龙饭的习俗，封一个红包（当地称为“利是”）给主办方，就能获得一份在祠堂煮的饭，人们一般会拿回家，分给一家大小吃，据说吃了之后就能龙精虎猛、身体健康。从如此多种多样的习俗中可以看出，龙信仰在当地有着极深的群众基础，是吉祥、如意的代表。

这样的群众基础无形中为开展舞龙活动提供了方便，有更多的群众欢迎舞龙，有更多团体邀请舞龙活动助兴，使荷塘纱龙有了更多的展示与锻炼机会。

（二）民间信仰为荷塘纱龙提供了仪式空间

李振图介绍，荷塘纱龙为篁湾村的独特技艺，以往在本族的春、秋二祭以及本村神灵庙诞等重要日子，都会进行相应的表演。除此之外，若外村邀请表演，在出发前舞龙者还要舞着纱龙到该村的周源李公祠和文武庙参拜，以示禀报本族祖先与本村神灵。另外，该村舞龙还有“逢庙必拜，逢桥必晒”的习俗，也就是说，沿途经过的道路若有神庙，也要以一定仪式参拜，但规格没有在文武庙参拜那么高。

通过在有共同信仰的场所举行参拜仪式，能较好地端正参加龙舞者的纪律作风与士气，使舞龙过程更加顺利、表演更加精彩。

（三）民间信仰为荷塘纱龙提供了人力资源

由于在本族的春、秋二祭与神灵庙诞中表演，还有到神庙参拜的仪式，使舞龙具有非常浓重的娱神功能。娱神功能的获得使参与人员具有了更高的荣誉感与地位，也在一定程度上提升了族内人员参与的欲望。因此，虽然在族内的表演没有额外的报酬，但参与人员仍然热情高涨。李振图表示，新中国成立前挑选队员时，族中合乎条件的年轻人都会

荷塘紗龍

舞龍回鄉攪出風雨

族人爭承龍頭發生毆鬥

新會荷塘鄉自雙十節製紗龍參加廣州會景後。回鄉照向例分拆該龍開投。先由三房陳梓材出四十七元投龍頭。繼有長房陳軒民軒強兄弟增至六十二元投得。梓材由是與軒民兄弟不睦。時思報復。二日晨梓材乘軒民兄弟迎龍頭進伙昇上神樓之際。故意什其門首大呼不祥之語。至觸軒民之怒。初則舌戰。繼而用武。梓材寡不敵衆。被軒民兄弟毆破頭顱流血。卽返家取手槍並糾集同房壯丁十餘人圖報復。耆老查知。恐釀慘案。極力調處制止。勸令軒民補回藥費廿元。雙方允遵。其事始息。

1935年11月5日《四邑民国日报》有关荷塘纱龙的新闻　宋旭民　截图

报名，参加者如在舞龙时被龙烛流出的蜡滴到身上，也被认为是吉祥的，引以为豪。从这个角度看，民间信仰在某种程度上为荷塘纱龙提供了丰富的人力资源。而当民间信仰氛围淡薄之后，则在一定程度上减少了人员的选择性，也更难长时间地聚集训练，使现时的荷塘纱龙表演面临一定困境。

参考文献

1.高村村委会:《高村简介》。

2.刘志伟:《地域空间中的国家秩序——珠江三角洲“沙田—民田”格局的形成》,载《清史研究》1999年第2期。

3.容氏宗族:《容氏族谱》,吴珠图书馆藏本,1995年第215～228页。

4.黎国韬:《广东地区传统民间舞蹈传播路向述略》,载《文化遗产》2009年第2期。

5.李庄渠:《颐圃诗文稿》(卷一),李锦洲家藏手抄本,1945年,无页码。

6.岷山喜雪:《一夜鱼龙舞之荷塘纱龙》,载新浪博客,2018年11月3日。

7.娄丹:《荷塘镇:龙“舞”棋“行”耀南国》,载《江门日报》2018年9月12日,A09版。

8.蒋臻:《乡村学校少年宫能走多远?》,载《南方都市报》2016年11月11日,JB01版。

9.佚名:《荷塘纱龙舞罢回乡搅出风雨　族人争承龙头发生殴斗》,载《四邑民国日报》1935年11月5日,第6版。

10.林朝晖、张则友、王晓云:《专家说民俗:江门舞纱龙表演令人叫绝》,载《广州日报》2006年2月3日,B4版。

陈忠杰在京梅村练习蔡李佛称桩　陈颖殷　摄

蔡李佛拳发展的历史源流

江门市新会区文化馆　江门市新会区非物质文化遗产保护中心

中国武术有2000多年历史，史书《春秋》里，便有关于拳术的记载。《汉书·艺文志》里有《手搏六篇》，说明早在汉朝，我国就有了体系化的拳法。据《拳经》里说："吾国技击之学，发端于战国，昌明于唐宋，盛极于明清。"经过几千年的发展、演变，逐渐形成了不同风格的拳种。

蔡李佛拳是广东南拳的一个重要拳种。据《少林拳术秘诀》里说，广东南拳是明代高要人蔡九仪受技于福建少林寺一贯禅师，尔后授传于广东的。在清代，广东已经成为南派武术的中心。清中叶前，以洪、刘、蔡、李、莫五大名拳影响最大。但到清末，流行于全省的刘拳、李拳已不多见，而当时传播最广泛的南拳拳种之一——蔡李佛拳取代了五大名拳的地位，成为广东最大的流派。时至今日，蔡李佛拳依然是当今世界上最流行的广东武术。

历史沿革

蔡李佛拳诞生的时候，正值19世纪中国封建社会风雨飘摇之际，而它的发展，离不开鸦片战争和太平天国运动这两次中国近代史上的重大事件。

蔡李佛拳始创人陈享(1806—1875年)，江门市新会区崖门镇京梅村拱北里人，于清道光十六年(1836年)集蔡、李、陈等多家掌法、腿技、拳术之长，独创刚柔相济、攻防兼备的武术训练体系，为报答三师培育之恩，取名为“蔡李佛”。这里的“蔡”是指蔡福，“李”是指李友山，“佛”则代表陈远护，因为他的拳术来自佛门。三人之中，以蔡福辈分最高、武功最强，故以“蔡”字排头。

在鸦片战争和太平天国起义的动荡之际，陈享和他始创的蔡李佛拳术对历史和社会作出了巨大贡献。1838—1840年，陈享曾经带领众弟子投奔林则徐，协助林则徐训练组建民团，抗击外来侵略者(三元里抗英，教授民众以蔡李佛功夫夺取洋人长枪等)，还协助太平天国操练武术，太平天国的许多骨干人物都是蔡李佛拳弟子，军中操练的武术也是蔡李佛拳。

1845年，见时机成熟，陈享在新会崖门的京梅村设立“洪圣总馆”和“祖师堂”，指派各大弟子分别于广佛、中山、肇庆及五邑各地设“洪圣武馆”，又指派首徒龙子才前往广西浔州(今桂平)设武馆(太平天国南王冯云山等为入室弟子)，共设有44间分馆，求学者蜂拥而至。其组织之严密、发展之迅速，为岭南近代武术史所罕见。由于始创人陈享的努力推广，这一时期是蔡李佛拳发展的第一个黄金时期，为蔡李佛拳广泛流传于岭南城乡，打下了深厚的群众基础。

清咸丰六年(1856年)，天京事变后太平天国运动走向衰落，陈享辗转南洋哈蒙、明古、巴城等埠，以授拳行医为生，其所传授的“铁箭拳”(蔡李佛长拳)在南洋一带广为流传。

清同治三年(1864年)，陈享应美国旧金山陈氏联宗会之邀请前往传授武艺，开始了蔡李佛拳在美洲的传播。陈享留美授拳4年，其间痛击凌辱华侨的当地恶霸，尽显民族气概，使蔡李佛拳在大洋彼岸扎根开花，还在香港击败了不可一世的外国大力士，名声大噪，蔡李佛拳术红遍香港。

清同治七年（1868 年），陈享返归故里京梅村，坐镇始祖馆，继续指派高徒陈官伯、龙子才、张炎等人积极掌管和扩展各地“洪圣武馆”教务，蔡李佛拳雄风又振，新会、香港、佛山、广州等处发展尤其神速，使蔡李佛拳得到广泛传播，不断壮大。

晚年期间，陈享仍孜孜不倦，系统辑编武学理论，著书《蔡李佛技击学》，以传后代。

蔡李佛拳术的枝繁叶茂、广泛传播，与陈享穷一生精力的传徒授艺、普及推广是分不开的。《广东武术史》一书对陈享有很高的评价，认为他一生“桃李满天下，门人遍及世界各大洲，为弘扬中华武术作出了贡献”。陈享长子陈安伯、次子陈官伯均克承家学，武艺超群，陈安伯精通梅花枪、陈官伯更是一位开创一代武风的名家。陈享的得意门徒张炎尽得蔡李佛拳精华，并与陈享一起互相切磋研究，融会贯通，创新了小易筋经、穿莲佩剑、中阳插手、颇肋锤、缠丝马、隐死还生马等许多崭新的蔡李佛拳术招数和套路。陈享之孙、陈官伯之次子陈耀墀，在蔡李佛拳百年传播史上也是一位承前启后、继往开来的人物。陈耀墀之长子陈云汉，授技于京梅老家及广州，至今武术界仍传其事迹。

蔡李佛洪圣馆在第三代、第四代

新会区崖门镇黄冲小学的学生们正在练习蔡李佛拳　李宝贤　摄

担纲时，正值辛亥革命、抗日战争、解放战争。原以“重光少林术，世代毋相遗”为宗旨，“反清复明”为旗帜而起的洪圣馆，不可避免受到社会动荡、政治不稳定因素影响。

20世纪70年代末至今，中华大地掀起武术热潮。广东省武术协会蔡李佛拳总会、广州市武术协会蔡李佛拳总会、新会蔡李佛始祖纪念会、江门市蔡李佛拳术协会纷纷成立，与此同时，佛山市蔡李佛鸿胜馆重新开馆，江门市杜阮贯溪和三江临潮蔡李佛洪圣馆也相继落成，蔡李佛拳术呈现一片崭新的局面。

1986年，新会洪圣始祖馆得到政府支持及海内外同胞资助，重新开馆，京梅村青年纷纷习武学艺，同年，蔡李佛拳术代表广东省参加在北京举行的全国武术汇演，获得好评。正是由于陈享家族及其弟子的不懈努力，蔡李佛成为中华拳术的最大流派之一，风行岭南，弟子数以百万计，遍及五大洲。

1999年开始，蔡李佛拳会在新会北门体育场设立了训练部，义务向群众传授传统技艺，2001年经政府批准注册定名为“新会蔡李佛始祖拳会”。

2001年12月9日，新会区崖门镇京梅村蔡李佛洪圣始祖馆重修落成揭幕。来自澳大利亚、智利、美国、葡萄牙、西班牙、墨西哥、新西兰、波兰、阿根廷、哥伦比亚、法国、芬兰、德国13个蔡李佛海外分会和我国香港、澳门、广州、中山等国内蔡李佛分会传人500多人参加揭幕仪式和归宗溯源，并举办了盛大的蔡李佛源流及发展研讨会。这是蔡李佛拳术开创165年来，参加人数最多、规模最大的一次盛会。

2006年5月，蔡李佛拳术协会派出15名运动员，参加广东省第一届全民健身运动会传统武术比赛暨2006年广东省传统武术项目锦标赛，一举夺得15枚金牌、12枚银牌，蔡李佛拳术进一步得到广泛传播。

2006年12月7—9日，值纪念蔡李佛创立170周年和陈享诞辰200周年之际，新会区人民政府和蔡李佛始祖纪念会投入巨资筹办国际性武术文化交流活动，16个国家200多名蔡李佛洋弟子参加了为期3天的活动。包括在新会区崖门镇京梅村蔡李佛洪圣始祖馆进行的祭祖活动、蔡李佛拳术文化研讨会、传统武术套路、传统狮艺比赛、内部散打观摩赛以及大型文艺晚会，并出版长篇小说《洪圣蔡李佛》、摄影集《新会蔡李佛》。

蔡李佛拳在2007年11月成功申报广东省非物质文化遗产名录。2008年6月，经国务院批准，蔡李佛拳被列入第二批国家级非物质文化遗产名录，是目前广东唯一的国家级非遗武术项目。

代代传承

百余年来，蔡李佛始创人陈享及其子孙后代、杰出弟子，为弘扬武风、普及蔡李佛拳代代相传，不遗余力。陈享家族和蔡李佛拳经历史浪淘，时代洗刷，依然脉流甚广，至今当数三支：

其一，陈享次子陈官伯，主要传陈耀墀。陈耀墀于中华人民共和国成立前，分别在京梅始祖馆、哈蒙埠中华会馆、吧城埠广东同乡会以及羊城、香港10多所中学及部分工会组织任职武术教师。陈华灿、陈耀垣、陈炳羡、陈伯添等弟子，一直在新会或港澳传授蔡李佛拳术，其中陈华灿奔波于崖门、会城等地，授徒甚广，年届八旬仍孜孜不倦，收集资料拳谱，令蔡李佛拳在发源地继续流传。广州地区陈耀墀之入室弟子胡云绰、潘芬等12人，人称“四俊八贤”，技艺誉满省城，后随其学艺者，遍布省港澳。陈享第五代曾孙陈永发，承其祖父陈耀墀、父亲陈云汉之真传，旅居海外，致力于在国际上推广蔡李佛拳。陈永发还心系故乡，为始祖馆重焕光彩不遗余力，充分体现蔡李佛爱国爱乡之真谛世代相传。

其二，龙子才（广西苗族人），为陈享之首徒，主要传阮骇等人，阮骇主要传方玉书。曾任广东省武术协会副主席的区汉泉，就是先后师从方玉书、陈耀墀之蔡李佛名宿。区汉泉致力于推广蔡李佛拳及武术运动，培养出陈昌绵、董德强、彭正庭、邱建国等诸多全国武术著名教练、南拳北赛冠军。国际现流行之南拳比赛套路，沿袭蔡李佛拳拳路之风格，并以其桥马为基础。

其三，张炎为陈享后期所收之得力弟子，随陈享多次往返于我国香港特区、新加坡，先后接管新加坡，我国香港特区、江门、佛山洪圣（鸿胜）馆教务，为蔡李佛拳广泛传播作出极大贡献。属此流脉弟子，亦人才辈出，目前分布在省港澳及东南亚一带，其主要传陈盛、李恩等人，李恩传黄杏泉、谭三等徒。谭三与“江南五虎”之一、北少林顾汝章交往甚笃，其设馆于广州市小北路，一些地方麾号“北胜蔡李佛”便源于此。

在一代代蔡李佛人的传承下，当今蔡李佛拳已经名满世界、誉扬四海，彰显出蔡李佛拳绝对的文化自信力，同时也充分诠释了蔡李佛拳极强的文化融合能力和包容度。

相关阅读

五邑武术史上的“四大名拳”

黄柏军　张东梅

江门五邑本地人口400多万人,旅居世界各地的五邑籍华侨华人超过400万人,有“国内一个五邑,海外一个五邑”的美誉。江门五邑又是著名的武术之乡,翻开一部《广东武术史》,江门五邑可谓是岭南武术发展的重镇:很多蜚声中外的著名武术拳种发源于此,很多驰名武林的著名武学宗师从这里走出。

在五邑武术史上,产生过影响深远的“四大名拳”:蔡李佛拳、咏春拳、太虚拳和周家拳。如今,经过百年岁月磨炼,这四大名拳已经成为国家级、省级或者市级非物质文化遗产项目,在它们的发源地五邑地区得到较好的保护和传承。同时,它们也走出五邑、走出国门,成为沟通四海、联谊五洲的中华特色国粹,深受世界各国人民的喜爱。

新会蔡李佛拳:国家级非物质文化遗产

五邑四大名拳中,蔡李佛拳是国家级非物质文化遗产。蔡李佛拳是典型的广东特色武术,也是汉族传统拳术中的南拳之一。

蔡李佛拳的创始人陈享自幼酷爱武术,7岁起就正式跟同村族叔陈远护学拳,从小就打下了扎实的武术基础。17岁起,他又拜新会县(现新会区)七堡村人李友山为师,学习李家拳。李友山是至善和尚的高足,是当年广东省五大名拳之一的李家拳创始人。陈享22岁时,拳术已经相当精纯,但他并不满足,而是到广东省罗浮山的鹤观跟蔡福学拳,一学就是10年。在这期间,陈享还曾受教于常来探访蔡福的江湖侠士白玉峰。白玉峰的拳法类似北拳,腿法较精。陈享32岁艺成下山。在长期的武术生

蔡李佛拳

涯中，他悉心研究各家拳法，综合陈远护、李友山和蔡福三家拳法，共冶一炉，创编出新的拳术套路，形成独特的风格，命名为“蔡李佛拳”。这个名称含有不忘老师教导的意思。

蔡李佛拳手法以拳、掌、桥为主。步法和腿法有弓、马、虚、拐、撒、扭步和踢腿、横踩、后钉、单飞脚和箭腿等。其特点是快速灵活，柔中带刚，左右开弓，步法多变，具有勇猛、机智的风格。此拳共有49个套路，分初、中、高级。初级有四平桥、小梅花、截虎拳等；中级的有平拳、八卦心等；高级的有虎形、鹤形、醉七仙、佛拳等。不仅在广东地区，而且在我国香港、澳门特区以及东南亚一带也较盛行。

2008年6月，蔡李佛拳经国务院批准列入第二批国家级非物质文化遗产名录。蔡李佛拳诞生180多年来，历久不衰，除了它的拳法精湛之外，与陈享威名远震是分不开的。

陈享学成绝艺离开罗浮山后，回到家乡新会县，在江门设馆授徒(当时馆名叫“洪圣馆”)。随后太平天国运动兴起，陈享参加了由其堂兄、也是他的师兄陈松年领导的广东“天地会”武装起义，并进军省城，以夺取广州。但起义失败，陈松年被俘就义。陈享不得不带领残部东走，当撤到增城一带时，他们又被清军包围，义军在突围时被敌人冲散。陈享只身逃至香港，又从香港转到南洋。陈享在南洋哈蒙、明古、巴城等埠，以教拳为生。在南洋各地教的一套铁箭拳，有200多个动作，称蔡李佛长拳。以后，陈享以其精湛的拳术赢得了很高的声誉。根据《新会县志》记载，陈享又应美洲陈氏宗亲会的邀请，前往美洲华人会馆教授蔡李佛拳。经过陈享多年的努力，蔡李佛拳在南洋、美洲等地扎根开花，成为风靡世界的中国功夫。

接近两百多年间，经过陈享家族及其弟子、门人的不懈努力，蔡李佛拳已经成为世界上最流行的广东武术之一。

在新会区崖门镇京梅村，至今还保存有蔡李佛拳始祖馆、陈享故居、陈享墓等。今天，陈享故乡已经成为旅游热土，无数游人慕名前来寻找蔡李佛拳的足迹。

古劳咏春拳：省级非物质文化遗产

鹤山市的古劳镇，是风景秀丽的水乡，这里走出了一代武术宗师梁赞。梁赞是咏春拳的高手，早年主要在佛山创业，世称“佛山赞先生”。他一生练习咏春拳、钻研咏春拳、改良咏春拳，是咏春拳发展史上的一位重要人物。梁赞晚年归隐故乡鹤山古劳，潜心创出“古劳偏身咏春拳”。如今，古劳咏春拳已经入选广东省第二批省级非物质文化遗产名录。

咏春拳较其他中国传统武术，更专注于尽快制服对手，以此将当事人的损害降至最低。它以“中线理论”等理论基础为内容，强调使用正确的观念、意识及思维方式，导出肢体的灵活应用；其内容主要包括“小念头”“寻桥”“标指”等，主要练习方式为双人对练的“黐手”“黐脚”等；训练器械有木人桩、刀、棍等；辅助器材有贴墙沙包、三星桩等。

虽然有许多人认为咏春拳源自川滇边区，流行于福建，扬名于广东佛山，但是由于文字资料的缺乏，有关咏春拳的历史只在群众中口头流传，

咏春拳

再则就是野史小说的描述，故有关咏春拳的起源，一直都是众说纷纭，没有统一的说法，而当下的咏春拳实质上是经过历代咏春先师逐步发展完善而成。

说法一：咏春拳的创始者是福建福清南少林的少林庵五枚师太(原名朱红梅)。五枚师太将禅武结合，最终创出一种适合女性演练的实用功夫——咏春拳。之所以用“咏春”二字命名，是其一生博学心得的结晶体现。如“咏”字的右半边“永”字的点、横、折、竖、勾、挑、撇、捺，就暗藏着咏春拳的拳理与招法。

说法二：与清廷“火烧少林寺”有关。当时福建莆田南少林因暗中反清复明而遭到围剿。少林古刹也被官兵一把火烧成废墟，只有5个绝顶高手(“少林五老”)逃了出来，其中一个是五枚师太。她在南少林鹤拳的基础上创立了一套更重技巧的拳术，并传给严二、严咏春父女。严咏春进一步发展了这种拳术，后称“咏春拳”。

说法三：福建泉州严咏春观蛇鹤相斗有悟，融合永春一带拳术和少林搏击技法而自创。

说法四：五枚师太创咏春拳后，并非直接传给了严咏春，而是传给了少林弟子苗顺，苗顺传少林俗家弟子严二，严二再传女咏春及婿梁傅侍。

说法五：咏春拳的创编与五枚师太或严咏春均无关系，更没有什么蛇鹤相争，它是清初反清组织“天地会”的一种斗争武技，为河南嵩山少林弟子一尘庵主所创。该少林弟子首先传给汀昆戏班的武生张五，张五后来落难来粤，落脚于南海县佛山镇大基尾的琼花会馆，便将咏春拳传于粤剧界诸弟子。后咸丰年间李文茂起义，诸弟子为避祸而将咏春拳的“咏”字改为“永”“泳”。红船中人黄宝华、梁二娣、陆锦（大花面锦）等人学得此拳，又再传给在佛山筷子路开中药店兼行医的梁赞，此后梁赞将咏春拳发扬光大。

说法六：咏春拳应为永春拳，得名于福建泉州少林寺的永春殿，乃当年进殿者所习的南派内拳法，全称是少林永春，总教习是少林弟子至善禅师。南少林被焚，至善逃避到佛山，曾一度藏匿于粤剧红船中当伙夫。后因在东莞打抱不平露出行藏，戏班中人便纷纷拜他为师。弟子中有惠州人氏苏三娘，为戏班中花旦，所学尤精，被人誉为“永春三娘”。后三娘将武功传于红船中人黄华宝、梁二娣等人，黄、梁又传佛山梁赞，使永春拳得以在佛山发扬光大 。

关于梁赞与咏春拳的结缘，武术界的老前辈有这样的传说：黄华宝将咏春拳技传授给戏班好友梁二娣后，在黄华宝五十寿辰之际，梁二娣携徒梁赞前往祝寿，梁赞因此结识黄华宝。黄华宝对梁赞赏识之余，更将梁赞作为关门弟子纳于门下。

梁赞自随黄华宝习咏春拳以后，感到其在法度用力、身形和手法上，无一不是上乘之法。梁赞于1870—1890年在赞生堂内收徒授拳，将其毕生所学重新整理。然而，梁赞并不公开授徒，始终以行医为业，因店务缠身，他只收了几个关门弟子，未能广授徒众，所以并未令咏春拳盛极一时。能得其真传者，除其子梁春及梁壁外，仅陈华顺一人而已。梁赞60多岁后，两个儿子梁春、梁壁皆有工作或已经离开佛山，不能接替父亲的生意，唯有将赞生堂转让给他人并改名杏济堂。梁赞退休后返回鹤山市古劳镇。

陈华顺常经过赞生堂，由于他知道佛山梁赞的比武事迹，时常从门缝里偷看自学。终于在39岁时追随已经62岁的梁赞学习咏春拳。梁赞去世后，陈华顺于莲花地大街缸瓦店内教授咏春拳术。然而咏春授拳之法与一般少林拳术不同，因它需要通过长期过手之练习，而过手之最佳练法，需个别教授，故未容多教，因此陈华顺收费颇昂，未为一般人士所能负担，而能学者，多为贵家公子，当时有“少爷拳”之称号，故未能广泛流传。陈华顺于1901—1907年授拳，传人共有16人。而能得陈华顺之技者，有吴仲素、何汉侣、雷汝济、其子陈汝棉及封门弟子叶问。

这就是为什么广东佛山与鹤山两地区同时流行咏春拳，虽然同是梁赞传授但又各有特色的原因所在。因为青、中年梁赞长期在佛山开馆行医，留下了正身咏春拳的绝学；晚年梁赞归隐古劳，创制和传授古劳偏身咏春拳。但是无论正身咏春拳还是偏身咏春拳，都是梁赞一生献身武学、发扬咏春文化的心血结晶。

1973年，梁赞的第四代传人梁挺在香港创办“国际咏春拳总会”，至今已经在世界上60多个国家和地区设立分馆和分会，据不完全统计，尊奉梁赞为咏春宗师的咏春拳馆达4000多家，门徒达到数百万人，成为世界上最流行的中国武术之一。梁赞一派的咏春拳再传弟子遍布广州、佛山、香港、澳门，以及东南亚各地。1999年5月，梁挺率领咏春拳洋弟子专程回到梁赞宗师故里——鹤山市古劳镇东便坊认宗拜祖。

外海太虚拳：市级非物质文化遗产

江门市江海区外海镇(今外海街道办事处)是历史文化名镇，这里的外海太虚拳也是驰名远近的武学。据说，太虚拳原本属于朝廷皇族秘传，在民间鲜为人知。那么，这一属于王孙公子专利的太虚拳，为什么能走出大内禁区，流传至广东江门外海呢？

清咸丰年间，伍氏家族是新会县外海镇南山乡当地著名中医学世家，其中伍荣羽医术高明、医德高尚，是伍氏家族中声望颇高的掌门人。

外海太虚拳第五代传人伍德文生前授徒

有一年，伍荣羽从广州贩运新会陈皮去北京时，在京城偶遇一位面色暗红、咳嗽不止的长者。经观察断定，长者因外感风寒侵袭肺部患上了肺痨病，伍荣羽于是用新会陈皮姜做药引，搭配家传秘药对其进行治疗。而这名长者是咸丰嫡系皇叔。病愈后，清朝皇叔与伍荣羽成为莫逆之交。伍荣羽便常常受邀到皇叔府邸谈医论道，并为其调理身体。皇叔为了报恩，便把皇族的太虚拳教授给了伍荣羽，并嘱咐他只可秘传。

后来伍荣羽衣锦还乡，将拳术秘传于伍氏家族。伍荣羽之后传至伍文兆，再到伍学卫至伍雪波。外海太虚拳的弟子多将自己视为太虚拳第四代传承人伍雪波的徒子徒孙。因为在外海，伍雪波首先打破伍家祖先的陈规，广开门户，将拳术传于族外弟子，使太虚拳得以逐渐发扬光大，伍雪波亦被太虚拳后辈尊为近代的“太虚拳宗”。

太虚拳又称“六合六踭逼打花拳”。在江门历经七代传承，已发展为外海太虚拳和六踭逼打拳两个拳派。据广东省侨乡武术研究中心筹备发起人、五邑大学体育部老师索奇山研究，从拳术基础理论上而言，外海太虚拳与武当内家拳是一脉相承关系。除了拳艺中均蕴藏八卦掌法外，外海太虚拳中的肘技与步法也与清代黄百家撰写的《内家拳法》中记载的武当内家拳的风格有共通之处。2007年，武当内家拳祖庭第14代掌门游玄德道长曾认定江门市外海太虚拳是武当南宗重要武脉，并亲笔题词："武当正宗"。

如今，伍德文（伍雪波）亲传、再传弟子已遍布中国大陆各地以及香港、澳门、台湾地区，在日本、德国、英国、加拿大、澳洲、美国等十几个国家也有众多门徒。

棠下周家拳：市级非物质文化遗产

周家拳创于清末民初，是流传于广东、广西、福建一带的传统拳术，属于南拳的一个流派，创立至今超过百年的历史。当时岭南武林称此拳派为洪头蔡尾，其拳法创自周龙，参合洪拳与蔡拳有所发展而来。周家拳既有洪拳之刚，亦有蔡家拳的步法灵活，以小伏虎拳为基本拳。

周家拳始创者、著名武术家周龙祖籍广东省新会县沙富乡（今属江门市蓬江区棠下镇），世代务农，崇尚武艺。周龙之叔父周雄，曾从洪拳名师学技，本领被推为一邑之冠。周龙年幼时，周雄喜其矫健明慧，授以拳法。练洪拳多以马步为主，不论年轻、稚子、壮夫皆以为苦，独周龙毫不介意，从不言苦，周雄更加喜爱，对之另眼相看，十载淬砺，周龙练得步法稳健，拳势威猛、刚劲有力，深得洪拳之特色。

周龙后随肇庆名师蔡九公习蔡家拳，其突击手法更为灵活，步法更为坚实稳固。周龙自得洪蔡拳法后，习之不辍，技艺益发精进，自成一家。

民国三年，黑旗军福军统领李福林聘请拳师出任武术教官，采用公开比赛的方式，冠军者予以聘任。当时报名者逾百人，分十组比赛，采用淘汰制。周龙报名参加，连战奏捷。最后与一名高手管金池决赛，管终不敌周之技高勇猛而拱手称臣。周龙受聘为福军武术教官，声誉日盛。

周龙任福军武术教官，李福林赠予周家武馆"振武堂"馆号。

周家拳的招式有如下特点：

《小伏虎》：第一套拳法，训练基本拳路、力量、身法，直来直往，以强制敌。《小洪拳》：源自蔡家拳，以灵活步法进退、斜步顺势攻击为主，走步如

周家拳弟子参加国际武术交流表演

风，以弱制强。《万字拳》：源自洪拳，以刚劲桥手马步、引全身之力进攻为主，遇强则强，以刚制刚。《柴椿》：以低马及地搪脚法破敌为主，沉桩力定，横扫制敌。《大伏虎》：源自少林洪拳，训练以气运劲，用掌法甚多，力沉气定，一招制胜。《虎豹拳》：源自北少林，以低马及地搪脚法为主，势如虎豹，出招快狠，巧妙取胜。

周龙的家族还是罕见的武林世家，周家拳这门派，除了武术家周龙，他的四个弟弟：周协、周彪、周海、周田，都是响当当的人物。周家兄弟在20世纪20年代岭南武林被誉为“周家五虎”。

如今，周家拳各分会馆遍及新加坡、马来西亚、德国、波兰、美国、加拿大、澳洲、英国等30多个国家和地区，分会、分馆总数达到90多家。在江门市棠下镇，周家拳的发源地，现有周家五虎之一的周田后裔周宝洪在棠下镇观莲村传授周家拳，努力使周家拳进一步发扬光大。

新会葵艺：历史久远　加工出神入化

江门市新会区文化馆　江门市新会区非物质文化遗产保护中心

新会，自古盛产蒲葵而美称“葵乡”。新会葵艺历史久远，从东晋起，新会就已开始葵树种植和葵艺加工。清初屈大均的《广东新语·蒲葵扇》记：“缘之以天蚕之丝，嵌之以白鳞之片，柄之以青琅玕之牌，缠之以龙须藤之线，铜钉漆涂，绘画为绚。”

经历民间艺匠千余年的探索，新会人将编织、绣花、绘画和印花等工艺融为一体，葵艺产品的加工到了出神入化的境地。葵业最兴盛时期，新会有300多家葵厂，500多个花色品种，产品远销欧、美及东南亚各国。火画扇在清道光县志中已见记载，清同治末年老画师陈晚将火画扇技艺推上高峰，1952年被国家列为特种工艺品，还荣获中国轻工业部首届“百花奖”等多个国家奖项。

葵艺作品　李宝贤　摄

1959年1月党向民向郭沫若介绍葵厂新产品——葵席

1958年周恩来总理到新会视察，专程到葵艺厂参观，对新会的葵工艺制品给予高度评价。郭沫若1959年到新会视察时，对葵扇工艺赞曰："清凉世界，出自手中，精逾鬼斧，巧夺天工，飞遍寰宇，压倒西风。"岭南画派一代宗师关山月曾60余次尝试"烙火画"工艺，但由于无法把握烙铁的力度，每次都把扇面烧糊，最后，他只有掷"烙"长叹：真是一门绝技！

新会葵艺于2008年列入国家级非物质文化遗产名录，目前共有4位代表性传承人。2009年，廖惠林被中华人民共和国文化部命名为国家级非物质文化遗产新会葵艺代表性传承人，2012年，他创办的葵艺中心成为广东省非物质文化遗产传承基地；2022年，余惠云被评为江门市第七批非物质文化遗产代表性项目传承人；2022年，何六妹、赵琼花被评为第五批新会区级非物质文化遗产代表性项目传承人。

制作工艺精巧

新会葵艺产品分葵扇、葵工艺和实用品三类。葵扇分玻璃火画扇、竹篺葵扇、绣花织扇等上百个品种；葵工艺分花篮、通帽、葵藤席、坐垫、画帘等300种；实用品分葵蓬、葵刷、葵扫、葵蓑衣等，其中以玻璃葵扇、烙画葵扇、双面绣花、织扇最为著名。

新会葵艺之所以历久不衰，扬名于世，久负盛名，究其原因，一方面是材质独特。新会生产的蒲葵，叶面滑而心蒂正，骨格细匀、质地柔韧，为其他产地的蒲葵所难及。另一方面是制作工艺精巧，新会葵艺的代表作火画扇，选料十分讲究，在葵树茎干形成以后，用草绳把葵树正中的葵笔（刚长出未展开，没经过光合作用）扎好，待成熟后割下。第一次割笔的时间一般在阳历四月至五月，以后成熟一支割一支，及时割下成熟的葵笔，是获得制扇优质原料的先决条件。

葵扇加工需十余道工序，包括剪雏形（初型）、切耳、烘柄、洗刷扇叶、硫磺烟熏、焙扇（包括校柄、软化、焙扇、折拣、压扇）、划扇、削骨、开合、穿耳、合扇（导扇）、缝扇、修整、熏扇、剪柄、装柄，最后是在葵扇上烙画。

烙画扇（又称火画扇）是新会葵艺的代表作，据传由清同治末年的名画师陈晚始创。陈晚最初尝试着将诗画剪贴于葵扇上，很不牢固；他又用墨汁和颜料画在扇上，但容易褪色。一次烧香拜祖时，不慎将香火掉落在葵扇之上，灼烧出几处痕迹。于是他以此为灵感，以烧红的铁枝作

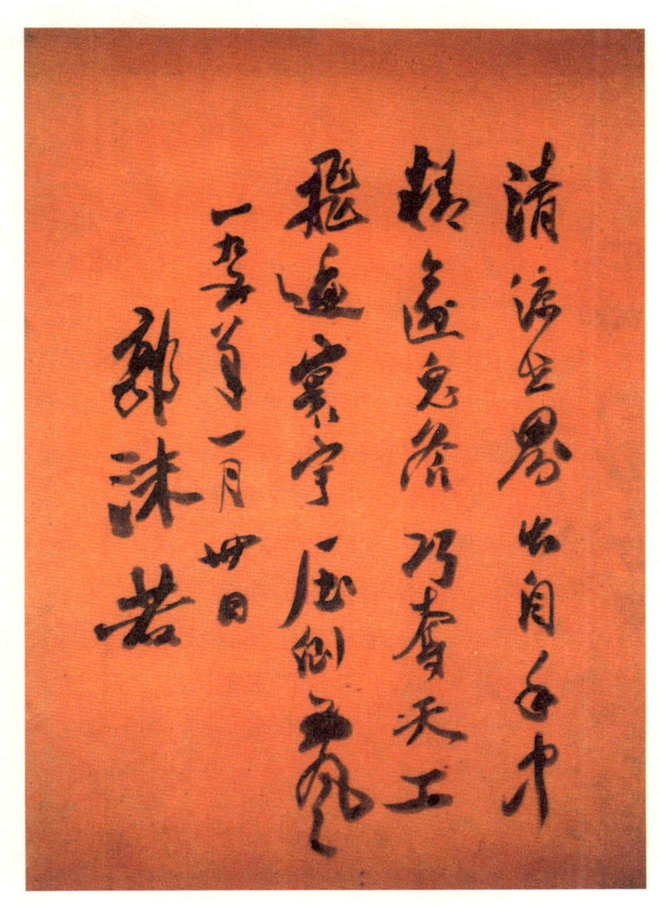

郭沫若题诗赞葵艺

廖惠林在烙画　李宝贤　摄

笔，在凹凸的扇面上烙出焦黄的线条，最后构成一幅诗画，火画扇就此诞生。

葵扇扇面单薄且凹凸不平，烙画时太用力、时间太长，就很容易烙穿葵扇。如果力度和时间不够，效果就显不出来。只有温度和力度的精准控制、配合，才能烙出画面的层次感。

最早创作火画扇时用的是铁笔，用火烧烫后用特制火笔夹夹住，然后在葵扇上作画。传统的铁笔很笨重，难以掌控力度，温度也很难控制，老一辈的工匠从拜师学艺开始，没有三年五载很难出师。

随着时代的进步，轻便，还能调节、显示温度的烙画笔代替了传统的铁笔，但每一幅作品，力度和温度的把控、配合，还需要烙画者有平静的心境。

如今，新会的能工巧匠们，将梁启超故居、新会碉楼、小鸟天堂等本土元素烙于葵扇之上，传承葵艺的同时，向世人展示了新会深厚的文化底蕴。

薪火相传

国家级非物质文化遗产新会葵艺代表性传承人廖惠林已从事葵艺50多年，深知新会葵艺历程及掌握葵艺制作全套技艺。他曾受邀参加法国巴黎工艺博览会，进行现场火画扇制作表演，也参加过北京全国“非遗”传统技艺大展、上海“世博会”、杭州首届亚太传统手工艺博览会等展演，赢得广泛赞誉。他的作品曾获“中国工艺美术百花奖”金奖、中国工艺美术学会“金榕奖”金奖、广东省首届民间工艺博览会金奖等奖项，并被国家非遗博物馆、广东民间工艺博物馆等收藏。

廖惠林创办的葵乡传统工艺品经营中心，于2012年成为广东省非物质文化遗产传承基地。在保留传统工艺基础上，他坚持恢复和发展已失传的葵工艺，不断传承和创新技艺，培养葵艺人才，提升葵艺品的艺术价值。曾经老化的葵艺工匠队伍，如今也加入了许多“新鲜血液”，年轻学徒在火画扇创作中融入自己的创意，老手艺融入新思维，对新会葵艺进行传承。

新会葵艺的传承，除了创新，还需要更多热爱葵艺的人参与进来。

近年来，新会葵艺开展研培计划，传承人坚持全年在传习场所免费对外开放展示，开展新会葵艺实践项目，参加展览展示交流活动，与专家学者或行业企业家开展相关研讨活动，挑选葵艺精品作为创新成果展示和课程范例。廖惠林葵艺大师工作室还参与了广东省基础教育高质量教研体系建设暨教研基地推进研讨活动、非遗进校园活动，普及新会葵艺。

未来，新会葵艺还会以国家级新会葵艺传承人廖惠林为引领，进行“葵艺＋人才”“葵艺＋新材料工艺”“葵艺＋新传播形式”，形成“1＋3＋N”的保护传承与创新发展非遗焕新计划，让新会葵艺得以薪火相传。

廖惠林在葵扇上烙小鸟天堂　李宝贤　摄

相关阅读

新会葵艺词汇选释

林福杰

新会是著名"葵乡",会城别号"葵城",新会葵艺是国家级非物质文化遗产。在新会葵艺1600年的历史长河中,产生过无数特有的名词术语。搜录和解读这些词汇,可更深入地挖掘非遗,有助于读懂和欣赏丰厚多彩的新会葵艺历史文化。限于篇幅,以下刊出若干词条。

葵扇 以蒲葵树叶片加工而成的扇子,古称"蒲葵扇",又俗称"芭蕉扇"。蒲葵又名木葵。单字"葵",在新会仅指蒲葵,而汉语也包括蔬菜名如葵菜等,以及菊科草本植物如绵葵、蜀葵、秋葵、向日葵等。新会葵制品以葵扇为主,销全国及出口,"粗者以货于近,精者以货于远"(《广东新语》)。

玻璃扇 相对于普通扇"粗扇",又称"幼扇"。它柔嫩、晶莹通透,是富于工艺性的葵扇,包括火画扇、织扇系列产品。制作玻璃扇需"玻璃葵",其培育方法比较特别,要先用禾草将树上还未散开的新生葵叶扎成"葵笔"(亦称扇笔、生笔),使里面不透入阳光,长成特别柔嫩有透明感的葵叶,割下来伸开加工成扇。新会葵艺厂前身曾称"玻璃扇厂"。1977年为表演《新会葵艺工人怀念周总理》的节目需要,特制了10柄直径80厘米的超大双面玻璃扇。

火画扇 即烙画葵扇,是新会葵扇的代表品种。"画",粤音"话",名词,用烙笔在葵扇面上灼焦作画。清代,相传出现扇面线香"炙"画,渐到火笔烙画,1840年的道光《新会县志》卷二《物产·蒲葵》记载:"饰于面者,绒以锈之,针以刺之,铁笔而火之,为山水、人物、花鸟诸形。"到同治末年(1874年),老画师陈晚改进完善,将技艺推上高峰,名盛一时,仿效者众。旧以炭炉烧红烙铁为笔,故旧有称"火笔扇"

“火笔画玻璃扇”。1971年陈学斌改良低压电烙铁为烙笔。火画扇采用扇身轻盈的“玻璃葵”精制扇面，仿国画技巧，如勾勒、渲染等，烙绘出栩栩如生、永不褪色的图画，柄饰典雅，显示出浓郁的地方工艺特色。传统的烙画题材有山水花鸟、神话典故、风景名胜等，现代的烙画题材增添了地方风物、民俗、新会名人、纪念文字等。

民国初，火画扇名扬中外，除“刘怡记”外，出江帮向兆和等商号大量采购，香港洋行也向同发、合昌等商号大量选购。抗战期间葵业衰落，火画扇停产，光复后仅三四人复业。至1951年政府登记商号，仅存赵氏叔侄赵士晃的“晃记”、赵广沾的“沾记”2家个体火画扇经营户，1955年也只有5人生产。1957年，新会玻璃扇厂的三脊火画扇被国家列为特种工艺品并得到复兴，同年，艺人赵源出席全国工艺美术艺人代表大会。

新会葵艺厂生产的圭峰牌三脊火画扇于1983年获国家轻工业部优质产品奖，1980年、1986年获广东省优质产品称号。廖惠林设计制作的三脊火画扇于2000年荣获广东省旅游纪念品最佳设计奖；烙画葵扇作品2008年被认定为广东工艺美术精品，获广东传统工艺美术精品展银奖。

织扇　由2柄以上撕成条状的玻璃扇坯再交织成1柄新扇，织成人字斜纹或螺纹。2柄合织的称“二支织扇”，如此类推，最高十支。织扇编织精致，质地柔韧富有弹性，结实耐用。

1911年，谭月三与家人无意中把玻璃葵撕成细片，织成形象如满月的新型别致幼扇，称“织扇”，销路不错。接着，李泰隆、义利、利和、昌言、胜玉、祥得6家店仿制。胜玉店主林兆更是别出心裁，用10片玻璃葵叶织成1柄幼扇，叫“十支织”，织一柄需半个月的工夫，为独家制作。织扇出口从1914年开始。织扇年销量最高是1926年，达150万柄。

绣花织扇　用彩色丝线在织扇底面绣花鸟等图案，是为“绣花织扇”。由新会葵艺厂在1973年左右创出。1986年该厂生产的绣花织扇获广东省优质产品奖。廖惠林设计制作的双面绣花织扇于2000年入选广东省首届民间工艺精品展。

竹箨画扇 用竹箨（竹的笋壳）雕刻字画粘贴在精致织扇面而成，是最名贵的葵扇。1912年由胜玉店林兆首创，刻章出身的钟瑞刻画，1915年该店作品参加巴拿马万国博览会并获得金奖，以后刻画多采用仿《芥子园画谱》《点石斋画谱》。胜玉店歇业后失传。1974年，已中断了35年的竹箨画扇由新会葵艺厂容文波等人再度创出，1980年新会葵艺厂生产的竹箨画扇获广东省优质产品称号。

葵藤席 用原色葵藤和经漂白、染色的葵藤为原料，按一定的纹样，人工编织而成。席面凉滑，线条清晰，构图优美，大方耐用，有睡席、垫席、枕席及各款小垫席等。于1958年创出，曾建葵藤席厂。

葵坐垫 用葵柄皮和葵尾漂白染色后作原料，手工编织而成，有汽车坐垫、沙发坐垫等，是新会葵艺厂1973年创新的产品，1985年在中国国际旅游会上被评为优质工艺产品，畅销日本、美国、欧洲及国内市场。

葵画帘 用葵藤等材料编织、精制而成的葵帘，伸卷自如，绘上图画，别具风格，装饰性与实用性结合，为美化家居的工艺品，系新会葵艺厂1973年创新产品。

葵花篮 简称“葵篮”。用葵叶、玻璃葵叶尾、葵藤等为原料，经葵叶尾削条、缠、织角、修边、爪耳、勾花或嵌花、印花等编织工序而成。葵花篮造型、大小、款式百变，极具实用性和观赏性。1958年左右开始批量生产；1973年创制新款花篮；1986年，新会葵艺厂生产的插花葵花篮、勾花织花葵花篮等12件葵艺制品被选送联邦德国来比锡国际博览会。

葵通帽 以葵叶仿制西式白色阔边的遮阳帽“白通帽”，故得此名。1958年，28位越南人来学习葵艺时，送2顶越南凉帽留念，新会葵业综合厂用蒲葵仿制成功，投入生产。它是用竹扎成椭圆形帽架，以烫直的玻璃葵叶尾排布并紧固，呈自然象牙黄色，遮阳透风，轻便凉快，是一款较具实用性的工艺品。

葵骨牙签 以制扇削出的废弃葵尾短骨加工而成，新会著名教育家李淡愚在冯氏贫儿义塾（后改为平山小学）任教时所创，他在1919年香港《冈州星期报》刊出广告，并提出“振兴土货”。

葵贝 以薄竹片编织成框架，覆盖上阔面的原块老葵叶，用竹篾外镶围边，使葵叶扣牢编合而成，呈龟贝形状，多用于农民下田时挡雨，故称“葵贝”“水贝”。曾有国营新会葵贝厂。

生扇 又叫“生葵”，在葵树上割下来还未加工的葵叶。生扇有三旗扇、长（zhǎng）柄扇、玻璃扇之分，割叶方法不同。“三旗”，叶厚柄短，是制普通扇的主要原料，因割后留嫩叶3片（“三旗一枪”），故得名。“长柄”，疏植叶宽骨硬柄长，是葵编主要原料，割后留嫩叶2片，故又名“二旗”。三旗、二旗留的叶，长到递年才割的老叶叫“老葵”，不制扇而作他用。“玻璃”，见前文。“蒲葵叶已放者为旗，未放者为笔。”（黎壁湲）

葵田 葵树是价值较高的经济林木，旧时新会人以最好的土地种葵制扇，“将沃壤膏腴不种稻而种葵”（清聂尔康《冈州再牍》），故有此称。葵田多属围田，出产葵叶心蒂圆正，骨格细匀。当葵业兴盛时期，常发生田地“易稻而葵”的现象；反之，出现“砍葵造田”“易葵而稻”的情况。

葵围 将五六十亩乃至一二百亩的沙田，四周筑起围基，俗称“围头”“围水头”，里面分畦疏沟，在畦上植葵，是为葵围。葵围最多时的清道光年间有4.7万亩，较少时的1952年仅1.2万亩。

葵园 在山下或山坑尾种植葵树的，叫葵园。

扇寮 经营加工葵扇的作坊。其中有部分以经营缝合葵扇为主的，叫“合扇寮”。兼营晒扇的，叫“晒扇寮”。专做出江的叫“包装寮”。明清至民国时期，县城扇寮遍布，解放后合并发展为众多葵厂。

葵扇会馆 （1）指葵业行会组织的会所。原会所狭小，后于清道光二十二年（1842年）由葵业巨商与邑绅陈华衮、何凤、伍有庸、陈殿兰等人倡仪,在会城大云山下金刚地,动工兴建华丽堂皇的葵扇会馆新馆址。光绪末年扩大会馆建筑,加建东西大厅和厨房。日寇侵华将葵扇会馆焚毁。(2)指葵业行会组织。清嘉庆、道光之间,由厂商联合成立新会葵业行会组织——葵扇会馆,称“余庆堂”,为全行业内最高权力机构,又是代表整个行业的对外组织。下分晒扇行、合扇行、出江行三大行会组织。规定所有经营葵业的商号必须入行,所有行会一律隶属于余庆堂。嘉庆十七年(1812年)开始商户入行,至道光二十五年(1845年)勒石字号共664户。进入民国后,其组织与名称有所改变,晒玻璃扇有“联合堂”,晒三旗扇有“联义堂”,出江行有“广顺堂”,做老葵有“联兴公栈”,合扇行有“联护堂”,做竹合原料有“同仁堂”。乾隆年间及之前未立行会,葵商与葵农直接交易。

启超赠扇 1913年梁启超要表兄谭镳托从新会进京任第一届国会议员的谭瑞霖,带几把10支织扇到京赠人。此礼大受赞赏,因此梁启超书“艺术专精”横幅送予制扇的胜玉店主。

总理扇扇 1958年7月周恩来总理视察新会,6日上午8时到新会葵业综合厂,参观小会堂产品展、焙扇车间、剪扇车间后,来到火画车间,与37岁的赵源握手并交谈,认真观看他在扇面烙画后说:“火画葵扇是优秀的传统工艺,你们要为社会主义创新。”在观看时年22岁的青年工人赵文达烙画时,记者拍下了这一历史瞬间。总理看到他被炉火烘得汗流浃背,便在旁边拿起一柄葵扇替他扇凉。中午11点多离开时,全厂员工涌到厂门口欢送,总理频频挥手致意,走过去与站在后排的老工人亲切握手。

南坦葵林 南坦岛位于会城街道西南方,是潭江中淤积而成的大沙洲,因形似而古称“鲗鱼头”。南坦葵林生态公园核心区现存560亩葵树,其中很多百年老葵,葵林宛如森林,是新会葵乡的一个重要自然生态标志,为休闲旅游区,影家、画家、文人的创作乐园。

葵湖公园 颇具风情画意、独具特色的葵的主题公园。总面积138亩,其中湖面(含湖心岛)共83亩。1959年秋动工兴建,1961年建成。2000年重修，翌年竣工。2008年秋冬进行修葺。葵湖是新会葵林的缩微，面面见葵，处处是景，晴日、雨天、晨雾、落霞，景色不同。“葵湖春晓”是1988年评出的新会新八景之一。

葵博园　葵树博览园的简称。2002年12月28日在圭峰风景区建成开放。它占地130亩，建筑面积2100平方米，内设500多平方米的展示馆，通过图片、影像、实物、技艺操作表演，展示新会葵艺及其历史文化。园内种植新会蒲葵1万株和世界各地20多种葵树，供游人观赏。

葵艺申遗　新会葵艺于2006年5月10日成功申报列入第一批广东省级非物质文化遗产名录；2008年6月7日，国务院公布为第二批国家级非物质文化遗产名录（国发〔2008〕19号）。2009年5月26日，文化部公布第三批国家级非物质文化遗产项目代表性传承人，廖惠林为新会葵艺国家级非遗代表性传承人（文非遗发〔2009〕6号）。

葵艺班　新会技师学院（原名“新会高级技工学校”“新会时年技工学校”）开设，以办学方式培养葵艺专业人才。首个葵艺专业班于2009年9月开办，学生30人，学制3年。

亮相世博　2010年7月28日至8月1日，新会葵艺参加上海世博会“广东周”现场展演，散发非遗魅力。

新会葵艺非遗传承基地　2012年6月广东省文化厅将新会葵乡传统工艺品经营中心命名为“广东省非物质文化遗产传承基地”。

赵氏火画扇　该词2010年面世，由火画扇艺人赵仕培创出的文化品牌，通过追溯其族叔祖赵兆铭（1877—1927年）、赵士晃（1883—1960年，约1903年入行，但还未找到二人之父赵仲衢涉火画扇的历史记载），族叔赵广沾（1904—1981年）、赵源（1921—2002年，约1947年入行），堂叔赵文达（1936—2021年，1953年入行）、赵彬（1932—1988年），父亲赵柏豪（1920-2004年）等家族火画扇历史，从而形成为“赵氏火画世家”“赵氏火画扇技艺”等概念，主要用于其赵氏扇行宣传，也为《清凉天地——新会葵艺》一书采纳。

相关阅读

我的8位火画扇师傅

口述/廖惠林　整理/林福杰

1972年11月28日是我终生铭记的日子，我与何荣炎、何耀良、霍柏强、林婉妹、黎美娟、李永良被国营新会葵艺厂招收，与原已入厂焙扇的梁春裕一起，共8位青年为火画组学徒。那时我才16岁，在他们当中年纪最小。葵艺厂是当时新会最大的国营厂之一，入职非常难得，我们8人是该厂招收的唯一一批全民所有制职工，我感到很幸运，尤其是火画扇在葵艺中技术含量最高，能跟火画扇师傅们学艺，是我的福气。当时，非一师带一徒，8位师傅赵源、赵文达、容文波、赵柏豪、赵彬、莫长银、李鸿伟、陈学斌，都是我们8位学徒的共同师傅。

德高望重的赵源师傅

在8位师傅中，赵源师傅年纪最大，资格最老，可谓德高望重。他在中华人民共和国成立前就开始烙火画扇，1957年，新会玻璃扇厂的三脊火画扇被国家列为特种工艺品，已入行10年的他成后起之秀，上京参加全国工艺美术艺人代表大会，都说当时是敲锣打鼓欢送的。

赵源师傅的火画手艺令人信服，用笔自如，力度很大，学徒们崇拜他，都喜欢看他创作。他有句口头禅："易懂难精，学到老做到老。"所有学徒都知道他这句话。他工作时不多出声，有问才答。此外，他爱好中医，能给人开药方，相传他叔父赵士晁懂跌打。

左起廖惠林、黎美娟、赵源　伍强　摄

随和憨厚的赵文达师傅

赵文达师傅17岁就开始学艺。1958年周恩来总理视察新会时，观看他烙绘火画扇，并亲自摇扇给他扇凉，那时他才22岁。我入厂不久，火画组由地下狭窄的车间迁上二楼宽阔的厂房，与织篮、织席、做帽、车席边等合为综合车间，赵文达师傅当车间主任，是个领导。但最令人羡慕的是他领葵业的最高工资——葵业十级，月薪72元，是火画组唯一一人，而当时葵业一级是24元、二级27元，我们学徒期3年，月薪逐年递增，分别是12元、14元、18元。

赵文达师傅有点耳背，在厂中绰号“聋耳达”，与人沟通略受影响。但他随和憨厚，与人关系和谐，他的火画技艺更胜于其上辈的赵源。因是使用烧炭铁笔出身，他用笔力度大，人物画主要作品有《天女散花》《嫦娥奔月》《三英战吕布》等。此外，他也传承《芥子园画谱》的画法，主要描线，以点带线，但由于受叶脉影响，线条变得断续不够连贯，因此而不同于今天火画扇的风格。当今风格是烙工笔画，线条讲究圆滑，有成片烫染，可产生浓与淡、线与块的强烈对比。

赵文达师傅于1979年8月上京参加全国工艺美术创作设计人员代表大会，在葵艺申报非遗时，只有他和陈学斌两位师傅健在，他们见证了新会葵艺成为国家级非物质文化遗产。

博学“教授”容文波师傅

在我们眼里，容文波师傅是最有文化的，他善于自学，无师自通，而且博学多才，因而最受学徒们的喜欢，我们叫他绰号“教授”。他的火画技艺运笔苍劲有力，多画花鸟山水，较少画人物。他做事认真，毫不马虎，有能力，有担当。

容文波师傅

1973年，厂长伍强交给容文波师傅一个

重任，让他尝试恢复失传的竹箨画扇。经反复揣摩，一年后终于成功推出，他为此立下了大功。

“不合群”的赵柏豪师傅

在别人眼里，赵柏豪师傅性格有点“怪”，平时不爱与人交谈，更不说笑，与学徒们交流较少，被人认为是“古板”“不合群”。他的火画技法、力度尚可，虽比不上赵文达、赵源师傅，但工作相当认真，只做不说。

做事认真的赵彬师傅

赵彬师傅是赵文达师傅的兄长，全名赵文彬。在火画组里，他与我感情最好，算是“深交”。他叫我“林仔”，我很多时候去他家玩，某年他还亲自来我家拜年。

赵彬师傅很有个性，平时喜欢说笑，做事却很认真，因此，领导就派他负责厂里“发外放扇”的验收工作。当时发外烙画扇的量很大，领本厂火画扇发外登记簿的有近千人（新建葵厂等其他厂也搞街外加工），工余烙扇是当时葵艺厂所有员工的一项可观收入，每烙100柄有3.43元。那时我特别勤快，星期日一天能烙三四百柄，一个月下来可赚百多元，比工资多几倍，感觉“很有钱”。但交回的扇烙得是否合格、可否收货，要不要返工，由赵彬师傅说了算，在大家眼中，他是很有权力的，但也因此得罪了一些人。

唯一的女师傅莫长银

莫长银是我们唯一的女师傅，她在家中是独女。相对于男性师傅来说，莫长银师傅的烙画力度和技艺稍逊，但工作很踏实。她与后生们相处很融洽，经常过问学徒们的学习、生活，颇有人情味。我的工作台位就在她的后面，她与我、与赵彬师傅关系都特别要好。可惜她60多岁就离世了。

原则性强的李鸿伟师傅

李鸿伟师傅对工艺很精通，除烙画外，对葵花篮、出口等葵艺技艺和业务都很熟悉，厂里让他负责试制组，独当一面。他原则性强，谁做得不对就给予批评，学徒们都受过他的批评，但也因此得以进步。

富于创新的陈学斌师傅

8位师傅中，陈学斌师傅最年轻，其年龄与学徒们相仿，其他师傅称他“球仔”。他懂摄影，家庭条件好，有相片冲晒设施，我们都喜欢去他家玩。他虽然读书不多，又不擅言辞，但肯学上进，追求创新。1971年，他改良了低压电烙铁为烙笔，他的成功，对火画扇的技法、生产效率产生了巨大影响。1973年，他被派去厂试制组，与何荣炎负责“葵画帘”的试制工作，以葵柄皮撕成幼条，机串成帘，用立德粉调白乳胶来涂底色，再在上面创作国画，这款新产品很成功。

除了上述8位师傅，令人难忘的还有厂长伍强，他擅长工艺美术，喜欢摄影、画画，经常来火画组，又顶住被人批评的压力，带我们学徒出外写生。在他的领导下，全厂工艺水平明显提升，整个葵艺的花色品种大量研发成功并量产，因而，1973年成为新会葵艺厂产品创新标志性的年份。

回顾当年，我虽最年轻，但有活力，也肯学习，因此受到师傅们的喜欢。我的技艺掌握得很好，很快就当上了火画组的副组长，后来升任车间主任、副厂长、厂长，这离不开当年这些好师傅的指点和培养，我从他们身上学到的德和艺，终生受益。

制作精美的茅龙笔

白沙茅龙笔的制作技艺

江门市非物质文化遗产保护中心

为陈白沙先生始创

茅龙笔起源于明代，已有五百多年历史，始创人是明代大儒、理学泰斗、诗人、书法家陈白沙先生（陈献章），故又称“白沙茅龙笔”。“茅龙笔”的记载，最早见于清初屈大均的《广东新语》“茅笔”条载：“白沙喜用茅笔，所居圭峰，其茅多生石上，色白而劲，以茅心束缚为笔，作字多朴野之致。白沙尝称为茅君……又称为茅龙。”白沙茅龙笔在2008年入选国家级非物质文化遗产名录。

据《白沙子研究》中记载：“陈白沙早年作书皆用毛笔……其后，以居乡买笔不易，即就地取材，束茅代之。此或亦因用笔多而自制应用较为经济之故。”陈白沙采摘圭峰茅草研制成笔，美名“茅龙笔”，并取了个拟人化的名字“茅君”。他诗中有“茅君稍用事，入手称神工……长揖谢茅君，安静以待终”(《病中写怀寄李九渊》)、“茅君飞出右军窝”(《答蒋方伯》)之句。《新会乡土志》记述：“茅笔用茅制成，创于明陈献章，书法遒劲，今犹有沿用者。”道光庚子年(1840年)《新会县志》记有：“明陈献章自作茅龙笔，书诗神往气自随。”

茅龙书法“独树一帜”(《广东新语》)，学习、效仿者甚众，有力地推动了茅龙笔的流传、生产、发展。自茅龙笔由白沙先生创制以后，江门市蓬江区、新会会城一带逐渐开始生产。

清康熙(1662—1722年)有专制茅龙笔的店铺，至清末制造工艺仍有保持。清光绪三十四年(1908年)的《新会乡土志》记载“白茅，生于山坑中，明陈献章采以制笔，今犹效之”。当时就有“捷元斋笔庄”生产的“先贤白沙茅龙笔”，200年后迁往香港为“捷元笔庄”。

需经多道工序才能成笔

茅龙笔生产历史悠久，是传统手工制作的典型代表，它以新会圭峰山国家森林公园的茅草为主要材料，经采摘草料、选裁、锤砸、晒干、浸泡、刮青削草、浸胶梳草、捆扎装饰等多道工序成笔。主要包括：

1.采摘草料。登山寻找，细心选摘背风向阳、不老不嫩、茎壮粗大、长短适宜的茅草。

2.选料裁草。按不同品种、规格要求选取不同的老嫩、软硬的茅草，用剪刀或砍刀进行裁剪。

3.锤草。用锤子手工将茅草茎部砸扁。锤砸过程中，根据笔的规格要求不同而对茅草茎部不同部位施以不同力度、次数的锤砸。

4.晒干。将砸扁的茅草晒干。

经精选老长茅草刮取草纤维制作而成的大笔

5.浸泡制作。对不同季节的茅草浸泡时间不同，要凭丰富的经验控制时间，一般为2天至3天。时间过长，草料变色，破坏茅草的纤维，影响笔的使用寿命；时间不够，影响笔的使用效果。

6.刮青削草。使用利刀、锉刀按照事先设定的笔形进行快速刮削或手拉成峰。此工序手工技艺要求高，是茅龙笔工艺最关键的一道工序，直接影响其成形和使用效果。

7.浸胶梳草。对经过刮削后的笔胚进行浸胶、晒干或风干。

8.捆扎装饰。用红、白丝绒(或铜线、漆包线)绕扎，装上笔帽、丝带等装饰物，包装为成品。

白沙茅龙笔材质特殊，制作工艺独特，具有纤维均匀、软硬适中、吸墨性好、富于弹性、书写流畅、坚韧耐用的突出特点，用茅龙笔书写的书法，笔锋特别，笔划中留有空隙，形成其他书法难有的“飞白”，笔画顿挫、拙重，别具一格。当年茅龙笔的出现，开创了茅龙书法艺术，震撼了书法界，一洗元代以来柔弱萎靡的书风，确立了其在岭南书法史上的重要地位。白沙先生的“茅龙书”“奇气千万丈”(《广东新语》)，留下“茅龙经典”20多件，其代表作《慈元庙碑》《种蕈麻》等都是精品中之精品，为国家珍贵文物。

茅龙笔古朴雅致，笔锋修长，极富弹性；笔触苍涩，牵丝飞白相得益彰，宜于行草书体，亦可勾勒山水国画，麦华三、关山月、吴作人、黄笃维、赖少奇、廖冰兄、陈景舒、陈初生等当代书画家曾挥笔茅龙，无不称妙。白沙茅龙书画不但被本乡本土书画家喜爱，还得到海外朋友及国际友人的高度赞赏。

既可作书画工具也可当艺术品

白沙茅龙笔制作技艺精美、实用，牛角榜书笔在清代已被选为贡品，从此茅龙笔制作技艺更加讲究，以中国龙的传统文化为主要装饰，笔杆结合玉石雕、牙雕、竹雕、木雕、漆艺等传统技艺，可当书画工具，亦可以作为观赏艺术的陈列品，成为一种独特的岭南文化。

茅龙笔的书写效果笔走龙蛇、苍劲有力，白沙先生的《慈元庙碑》被称之为岭南第一碑，刘海粟大师评论这碑刻为古今书写得最有力的书法作品。白沙先生留下数十件书法作品影响至今，学习者众多。20世纪80年代，张瑞亨将茅龙笔书法线条之美运用到中国画创作上，丰富了中国画的表现形式。“茅龙张皴法”绘画为画坛带来了新的面貌，作品先后参加上海世博会、亚洲文游展、法国中国文

张瑞亨在进行授徒公益讲座

化年展演、全国非遗展，而茅龙张体常用字及茅龙笔也被选送日本展览。

20世纪70年代有新会工艺美术厂、新会民间工艺社等企业坚持生产茅龙笔，80年代红门楼笔庄在景堂图书馆（文昌文具店）设立销售点，90年代冈州画院茅龙轩以研究书画制作为一体，积极推动，使这一传承百年的产品得以传承发展。传承人张瑞亨被评定为传承工艺正高级工程师，广东省人民政府授予其工艺美术大师称号，他被广东省文化厅评为广东省非遗优秀传承人。白沙茅龙笔的传承发展得到了国家、省、市（区）各级部门的支持和帮助，使茅龙笔文化得以更好地传承发展。

资料来源：引用信息来自2008年国家级非遗项目白沙茅龙笔制作技艺申报书。

相关阅读

陈白沙茅龙笔书敬义戒石碑考释

陈福树

碑刻描述

敬义戒石碑在新会以往的文献中命名为“敬义碑”，为新会博物馆馆藏明代碑刻，由陈白沙用茅龙笔书写，现保存于新会学宫石刻陈列室。碑刻为砚石材质，碑高157厘米、宽102厘米、厚度为13厘米。风化程度一般，下沿及正面右下角多处留有因搬动碰撞而损毁的痕迹。

该碑为双面碑。碑的正面直排刻“敬义”两个大字，每字45厘米至50厘米；上款（右侧）为“成化辛丑夏五月知县丁积命工（勒石）”，右下角的“勒石”二字因碑石损毁已看不到；下款（左侧）为“陈献章书”4字，上、下款每字约为5厘米。碑的背面上方（碑额）横排刻“圣谕”两字，每字为25厘米至30厘米；碑额下面直排4行刻“尔俸尔禄，民膏民脂，下民易虐，上天难欺”16个字（其中“虐”字处已严重损毁），每字为15厘米至20厘米。字体均为略带行书笔意的楷书。

碑刻来历与碑文出处

据考，这种碑刻在古代被称为“戒石”，是立于地方官署（衙门）中刻有警戒官吏铭文的石碑。衙门前立戒石，距今已有1000多年的历史，为宋太宗（赵炅）首倡，并从五代后蜀主孟昶于941年所撰的《官箴》中精选其中四句16字钦定为《戒石铭》。

孟昶所撰《官箴》原文24句96字：朕念赤子，旰食宵衣。托之令长，抚养安绥。政在三异，道在七丝。驱鸡为理，留犊为规。宽猛所得，风俗可

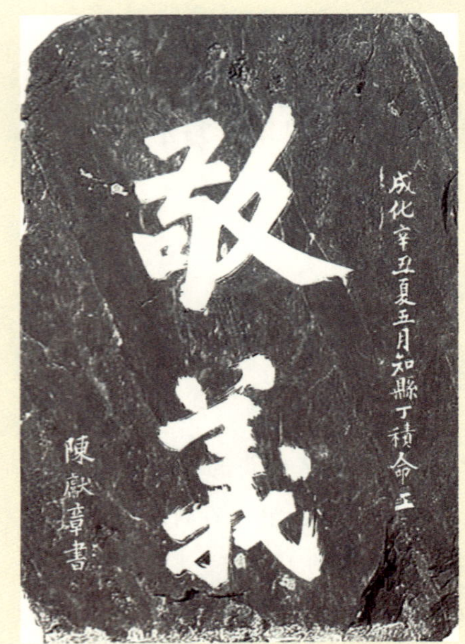

碑刻正面刻“敬义”二字

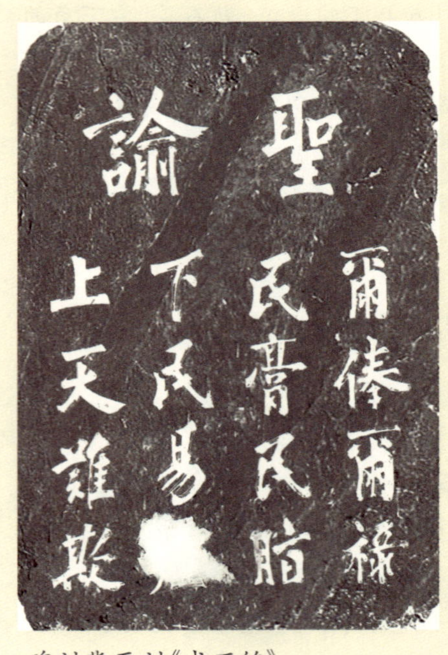

碑刻背面刻《戒石铭》

移。毋令侵削，毋使疮痍。下民易虐，上天难欺。赋舆是切，军国是资。朕之爵赏，固不逾时。尔俸尔禄，民膏民脂。为人父母，罔不仁慈。特为尔戒，体朕深思。

宋太宗钦定的16字《戒石铭》为：“尔俸尔禄，民膏民脂，下民易虐，上天难欺。”大意是：官员们所领的俸禄，都是老百姓的血汗；百姓虽然好欺负，天理却不可容忍。宋太宗钦定《戒石铭》后，即亲颁于州县，敕令刻石立于衙署大堂前。以警戒地方官秉公办事，从政为民，故称《御制戒石铭》。

北宋元丰三年（1080年）至元丰六年（1083年），著名诗人、书法家黄庭坚（号山谷道人，世称黄山谷）任江西泰和县令期间，曾亲书《御制戒石铭》刻石立于泰和县衙。到了南宋高宗绍兴二年（1132年），皇帝赵构颁黄庭坚所书《御制戒石铭》拓片于各州县，敕令各州县摹刻立石于州县衙署大堂前。之后，黄庭坚所书《御制戒石铭》在元、明、清历代均有流传和沿用。

新会博物馆所藏陈白沙茅龙笔书敬义戒石碑，根据落款“成化辛丑夏五月知县丁积命工(勒石)”，可知该碑为成化十七年(1481年)书刻。丁积(1446—1486年)，江西宁都人，明成化十四年(1478年)中进士，授新会知县，刚到任即谒白沙之门，向陈白沙执弟子礼。丁积任新会知县期间，勤政为民，鞠躬尽瘁，于成化二十二年(1486年)卒于任上。由此可考，该碑为丁积任新会县令时请陈白沙书写立于县衙的戒石碑无疑。

历代《戒石铭》碑刻多为两面碑。除背面《戒石铭》由皇帝钦定外，正面文字则没作具体规定。新会博物馆所藏的戒石碑，正面陈白沙所书“敬义”二字，出自中国古代哲学名著《周易》：“君子敬以直内，义以方外，敬义立而德不孤。”这句话意思是：君子恭敬一切，以使内心正直，行为处处循礼，以此方正外物；当君子正义之思想确立，就会得到众人信赖与支持。可见陈白沙对丁积任新会县令寄予厚望。丁积治理新会期间，政绩斐然，没有辜负老师的期望。

明、清两代，新会县衙均设在今新会一中一带，并没有变换地点。但为什么敬义戒石碑后来却存放在新会学宫呢？为此，笔者曾多次到新会景堂图书馆查阅相关历史资料，终于在《新会书院民国四年至十六年底止进支数目征信录》中发现了“支十二年三月抬敬义碑”散工银的记录。据此，敬义戒石碑有可能是民国十二年(1923年)在县衙旧址建新会书院期间被移至新会学宫的。

2000年，新会博物馆在学宫辟建石苑，放置1992年从会城河北小梅村象山被毁的明右副都御史鲁能墓地运回来的石马、石羊等石雕，并以一同运回的石龟趺座承托敬义戒石碑放置在石苑中央。2016年，新会博物馆又将学宫后座蹈和殿辟建为馆藏石刻陈列馆，把敬义戒石碑移入石刻陈列馆中央展示。

文物价值与艺术价值

敬义戒石碑来历可考，保存完好，是古代重视廉政教育的实物资料，对于研究明、清新会县衙历史以及明代陈白沙与丁积的师生情谊，都是不可多得的文物。同时，该碑刻是陈白沙用茅龙笔书写的，因此，对于考证陈白沙茅龙笔的制作历史和研究陈白沙茅龙笔书法艺术的发展过程都极有价值。

关于陈白沙哪一年开始创制茅龙笔，没有具体的历史记载资料。

陈白沙所作的诗，其中有多首谈到茅笔。明成化十三年（1477年），他50岁时曾写过五言古诗《病中写怀寄李九渊》，其中有诗句云：

客来索我书，颖秃不能供。茅君稍用事，入手称神工。

此为陈白沙诗中最早关于茅笔的诗句，可视作关于陈白沙创制茅笔最早和最原始的记录。他给自制的茅笔尊称为"茅君"，可见其朝夕相伴之"谊"。

敬义戒石碑为迄今保存下来最早的陈白沙茅龙笔楷书书迹，碑刻正面"敬义"二字落款的"明成化辛丑"为公元1481年，其时陈白沙54岁。

陈白沙50岁以后，其书法艺术进入探索创变期。他之前使用的传统毛笔是以动物毛制作的书写工具，而茅龙笔是以植物纤维制作的书写工具，两者自身的特性及其书写时的运笔技巧也有所不同。茅龙笔的特点是锋长而挺拔、粗悍，用它蘸墨书写时形成的线条，可产生苍劲、峭拔、朴拙、奇崛的艺术效果。当陈白沙初次尝试使用时，便觉得茅龙笔写出的线条具有一种自然的意趣，十分适合自己个性的发挥，于是开始经常运用于书法创作。

北宋书法家黄庭坚所书《御制戒石铭》为行楷书，体势较为开张。而陈白沙用茅龙笔书写的敬义戒石碑则为略带行书笔意的楷书，从其背面所书《戒石铭》字迹来看，陈白沙书写时是刻意临写黄庭坚所书《御制戒石铭》的，但因他是用茅龙笔书写，故笔画比黄庭坚所书瘦硬劲挺，结体也较黄庭坚所书紧敛，可见其54岁时书法已具有深厚功力。

明末清初岭南著名学者、诗人屈大均在《广东新语》卷十三《艺语》云："白沙晚年用茅笔，奇气千万丈，峭削槎枒，自成一家，其缚秃管作擘窠大书尤奇……"在此碑刻中得到印证。

台山飘色有凌空之美　甄永光　摄

凌空之美　飘然欲飞

——台山市斗山镇浮石村飘色发展始末

口述/赵汝潜　整理/甄永光

我家世代都是居住在浮石村，我很小就开始接触和喜欢飘色活动。改革开放后，1982年，我正式开始参与村里飘色活动，当时我们筹建飘色队可以说是从零开始，相关的物品都在“文化大革命”期间被破坏殆尽，而且没有相关资料参考，只能依靠飘色老前辈的记忆，慢慢地探索。到了现在，许多东西已经完备，年青一代也已经掌握了化装、色梗安装等技艺，表演越来越成熟。40多年来，我亲自参与飘色活动的组织策划和制作，特别擅长制作色柜和道具，平时负责培训“色仔”“色女”技能，熟悉飘色服装、化装知识，参与设计、制作了《嫦娥奔月》《木兰从军》《昭君出塞》《仙姬送子》《穆桂英挂帅》《吕布与貂禅》等10多个色架，是浮石飘色队艺术指导，2008年3月被命名为广东省省级非物质文化遗产项目台山浮石飘色的代表性传承人。

台山浮石飘色远近闻名，曾经被江门各地邀请参加巡游助兴，并且先后三次应邀代表台山赴澳门参加巡游表演。1996年，浮石村被广东省文化厅命名为“广东省民族民间艺术之乡——飘色之乡”；1999年，又被国家文化部命名为“中国民间艺术之乡——飘色之乡”。2008年6月，《抬阁·台山浮石飘色》入选第二批国家级非物质文化遗产名录民俗类；同月，浮石村被省文联、省民间文艺家协会命名为“广东省民间飘色传承基地”。

历史悠久　凝聚乡情

台山浮石飘色是一种保持传统特色的民俗文化造型艺术，始于明末，至今已有300多年历史，清光绪十四年（1888年）《浮石赵氏族谱》第一次有正式记载，是台山地区民间习俗艺术的一枝奇葩。

对于浮石飘色的起源，还有一种说法，认为源于“陕西高抬”。古代，北京和各地陕西会馆每年正月十五闹元宵时上街表演“陕西高抬”。明代万历年间，浮石举人赵家璧上京会试时，在无意中“识破机关”，掌握其中秘密，带回乡中推广，经过300多年的传承，形成独具一格的浮石飘色。不论起源于何时，浮石飘色已延续300多年，长期保存下来，而且不断改进完善，表现形式更显优美多姿。因为浮石村建有北帝庙，每逢农历三月初三，村民抬着北帝菩萨出游祈福，村里便组织民间艺术队伍，如舞龙队、彩旗队、醒狮队、高跷队、八仙队、八音锣鼓队等进行巡游。从那时开始便从简单到完备地逐步加上飘色这个项目，形成一种特定的岁时节令表演。由于社会各方重视，群众积极参与，使浮石飘色作为台山民间艺术瑰宝而历久不衰，并不断发展。

以前，浮石村分为六个大闸：一闸西头，二闸村心，三闸民表，四闸东头、隆平里，五闸南平里，六闸大墩、灶背，表演时共有飘色6架。后来南平里分为上、下南平里，东头和隆平里又各设1架，增为8架，分闸管理表演，从1957年起，由村里的琳琅剧社统一管理。到20世纪80年代，为了适应村里农历正月初六祭始祖和外出参加庆典活动的需要，改为每个坊（浮石村共有10个坊）1架，共为10架，也是由琳琅剧社统一管理。每架飘色都是以一个历史或神话传说人物故事定名，计有：赵子龙拦江截斗、嫦娥奔月、牛郎织女、吕布与貂蝉、平贵别窑、穆桂英挂帅、杨金花争帅印、木兰从军、劈山救母、白蛇青蛇。1999年12月，新华社澳门分社特邀浮石飘色参加澳门回归祖国大型巡游庆祝活动，改为8架参加表演，一直延续至今，分别是：赵子龙救阿斗、嫦娥奔月、慈航普渡、仙女散花、木兰从军、昭君出塞、劈山救母、穆桂英挂帅。

浮石村自产生飘色以来，每年都举行飘色巡游。抗日战争期间，飘色巡游停办了几年。20世纪50年代初期，因服装、色架等保管不周而致散失和损坏，亦曾停办。在1957年送浮石子弟参军、1958年斗山人民公社成立和1962年与驻防的人民解放军联欢的三次活动中，由浮石琳琅剧社负责收集旧色袍与所需器材，勉强装成2架飘色参加活动。“文化大革命”期间，飘色被列为封建迷信活动而禁止举办。于1984年至1985年，得到港、澳乡亲的支持，捐资购置色袍七套和道具一批，浮石飘色又重新恢复活动，改为每年农历正月初六进行。后来又得到旅美乡亲赵炳炎先生赞助，增添色袍三套，共设10架飘色，还添置抬色人员彩服。经过琳琅剧社人员精心构思，对飘色加以改进，推陈出新，使之比过去更显巧妙奇特。村里还作出规定，今后每年农历正月初六，都要出动飘色参加祭始祖活动，祭祖后巡游浮石全村。现在改为每三年逢农历三月初三巡游全村。

农历三月初三是北帝菩萨诞辰，这一天，浮石村家家户户都做糍（以乌芹藤糍为主），在屋内神台和各神座上香点灯，摆上糍供奉北帝。村民都到北帝庙炷香拜祝，祈求风调雨顺，人寿年丰，国泰民安。村中有北帝菩萨出巡（俗称出游）之例，巡游队伍非常庞大，用4名少年仿扮庙中4员大将为北帝前驱，父老乡亲捧印敕、提吊炉、担八宝，伴随北帝而行。前面高举头牌、色标、罗伞和五彩缤纷的旗帜，其中有象征北极的七星旗，由大头锣开道。队伍中有锣鼓八音盒化妆造型的八仙贺寿，瑞狮增添热闹，其中最精彩和最引人注目的当然是飘色。巡游队伍集中在北帝庙，于正午时分出发，经西头、村心、民表，东头、隆平里、南平里出大村，再绕行大墩、灶背后返回。所经之处，村民纷纷焚香奉纸宝燃炮竹，祈求人口平安、五谷丰登、六畜旺相。

当天，旅外乡亲纷纷赶回村中，外界人士四方云集，形成万人空巷、夹道观摩、欢庆佳节的热闹壮观场面，成为名传远近的民俗活动。海内外乡亲对家乡飘色具有深厚的感情，谈论起来回味无穷，引发乡思。

奇趣精巧　形态优美

飘色，亦称摆色，以八九岁的儿童装扮成戏剧故事、神话传说中的人物，由人们用“色柜”抬着出游，属于人物造型艺术，它是台山民间艺坛上的一枝奇葩。浮石飘色的特色是，两个小孩装扮为戏曲人物，由4位穿古代武士服装的壮汉抬在“色柜”上行进。

飘色的道具，下面的木箱叫作“色屏”，支撑小演员（色仔）的钢枝，叫作“色架”。每台飘色有两个“色仔”，一上一下。坐在下面的色仔称为“下色”，又叫作“屏”；凌空三米高立在色架上的色仔，称为“上色”，又叫作“飘”。“飘”与“屏”互相辉映，构成完美的飘色整体。飘色的迷人魅力在于“飘”，其左足立于一根桃枝上，右足摆动，身体凌空无凭，似无依托，令人惊奇。其实，人物主要靠一条精心锻造的钢枝支撑，这钢枝叫作“色梗”，色梗有明铁、暗铁、台铁、手铁之分，以暗铁为多。事前，组织者以父母双全、长相俊美、意志坚定、胆大开朗、品学兼优为条件，以自愿为原则，挑选一批8～10岁的童男童女，利用业余时间集中培训后才当“色仔色女”。入选的儿童，被群众视为荣耀。

色柜、色架依照传统制作，色柜为正方形，四面绘有历史人物故事的彩色图画，前后各开两个孔洞，用于穿杠，4人抬起移动表演。近年，色柜下面装上轮子，这样，可以让抬柜者累的时候推着前行，表演更便捷、灵活。柜内压上几块大石头，巧妙地运用力学原理，在色柜和支架上做好受力平衡，保持重心平稳，衬上色柜外围绘着的彩画，整个色柜就显得既稳妥又美观。色架由色梗、桃枝组成。色梗，是飘色最核心的地方。它是一条精心锻造的纤细钢枝，长约2米，安装在色柜上，用以支撑飘色人物，即“色仔”“色女”。沿着色梗这条主心骨，经过捆扎、伪装、化装，就能使人看不出破绽，让人信以为真，感觉人物真的是凌飘于空。这一点正是飘色的精妙所在。色梗穿过“下色”衣服直到“上色”身后，表面看不到钢枝。做色梗的钢枝很讲究，太硬了没有弹力，飘色就不能“飘”起来，太软了，起不到支撑作用，不够安全。

每台色柜由4个人用长松木杆前后抬着，走起路来上下忽悠，令“飘”与“屏”互相辉映，生动逼真。色袍是飘色人物穿的戏服，是仿照古代的戏服制作而成。浮石飘色的色袍和“色仔”“色女”用的发箍头饰制作精美，鲜艳夺目，刺绣精巧，是很有欣赏价值的艺术品。另外，每台色柜有一位专人举着长木丫陪同行进，途中为

“飘”挡隔障碍物，并给“色仔”“色女”送茶擦汗，起着保护作用，使少儿每次活动后保持身心愉快。

扮色是打造“飘色”的灵魂，飘色中“色仔”“色女”们脸上精巧细致的妆容，惟妙惟肖的形态演示，离不开色师一笔一画的精心勾勒。从化装到穿衣服，扮色由内到外至少需要12个步骤，耗时不少于90分钟，每个步骤都马虎不得。从飘色表演当天早上7点开始，色师就开始为“色仔”“色女”准备化装，色师化装必须对人物了如指掌、胸有成竹、落笔干脆利落，其中最难的是眼神的描绘，整体妆容出彩的关键就是眼睛和眉毛，特别是两条眉的角度线路，可以生动表达人物的个性特点。鼻子一般要用直线描下来，凸显轮廓。整个妆容的亮点是眼睛，如果画得精彩，眉毛眼睛互相配合，会使整个人物更加醒目精神，扮相漂亮传神。

从小培养　后继有人

台山浮石飘色属扛抬式的民间造型综合艺术，当一些地方对传统技艺进行“现代化改革”时，浮石飘色始终保持传统样式，显示其传统独特的民间习俗个性。近年，台山各级部门非常重视保存和传承飘色这一传统技艺，将村里原来的云水赵公祠改造为浮石飘色传承基地。空闲时候，飘色的色柜、色架等道具就摆放在祠堂内部两旁，祠堂内有宣传专栏详细介绍浮石飘色历史、制作过程、项目代表性传承人等内容，成为展示和推介飘色艺术的一面窗口。每逢节庆活动，为了探秘飘色的独特魅力，祠堂

台山飘色在浮石村有良好的群众基础　甄永光　摄

内外人们川流不息。

因为飘色在浮石村有良好的群众基础，村民们都愿意让自己的小孩来当“色仔”“色女”，并为此自豪。每次飘色巡游，队伍庞大，人数众多，再加上巡游时其他的配套服务保障，动辄二三百人出场，排演经费、服饰费等支出庞大。此外，还有巡演时的保安费、接待费、伙食费、村貌布景费等，都给活动组织者带来了巨大的经济压力。过去，浮石飘色巡游每年会举办1～3次，每次经费几万元，仅靠浮石村乡亲捐款支持，难以为继，曾面临活动资金缺乏的困境。如今，活动经费主要由北帝庙热心乡亲统筹，较好地解决了资金问题。

为了更好地传承飘色这一民俗文化，浮石小学特别将飘色艺术内容纳入校本课程，定期邀请我们这些传承人到学校开展飘色艺术活动课程，向学生们传授普及飘色技艺。通过在校园内举办飘色图片展、进行飘色现场教学等形式，展示浮石飘色魅力，深入推进非遗传承和发展。我们在现场为“色仔”“色女”化装、上色架、穿色袍并进行巡游，向师生们展示浮石飘色巡游的整套流程，为师生们讲述浮石飘色的历史和发展情况，让大家加深对浮石飘色的认识。师生们通过近距离观看浮石飘色展演的全过程，激发了他们对浮石飘色的学习兴趣。同时，学校从各年级中挑选优秀的学生组成飘色队。很多小学生从小观看飘色活动，都希望有一天自己能够成为“色仔”“色女”，扮演当中的历史传奇人物。在学习飘色课程中，学生们了解到花木兰代父从军等传统历史文化和神话传说，深深被中华传统文化所打动和吸引，也更加对飘色这项民俗活动产生了浓厚的兴趣。很多小学生虽然每次扮演时，脸上化了妆，头上戴着头饰，身上穿着厚厚的演出服饰，酷热的室外气温令他们满头大汗，而且，“色仔”“色女”上台后，需保持一定的姿势和动作，在烈日下参与两个多小时的巡游，极其考验小学生的体力、胆量、意志和毅力，但因为对飘色的热爱，他们每个人都咬牙坚持了下来，每次都圆满完成巡游表演任务。

浮石飘色的展示传承有利于宣传和推广弘扬侨乡传统文化，多姿多彩地展示独特民间技艺和乡村风貌，推进文化传承和旅游事业发展，也为实现乡村振兴、提升文化自信创造了条件。

口述人：赵汝潜，浮石飘色队艺术指导，广东省乡村振兴先进一线工作者（文化传承类），广东省省级非物质文化遗产项目台山浮石飘色的代表性传承人。

影响力逐渐扩大

——改革开放后浮石飘色的恢复年份及展示情况分析

宋旭民

有关浮石飘色在改革开放后恢复的时间，1995年出版的《浮石志》说是在“1984-1985年间，得到旅港、澳诸乡亲支持”而重新恢复起来。后来，浮石飘色申报国家级非物质文化遗产的申报书中也延用了这一时间表述。笔者从浮山月报社借来一套从1982年复刊至2022年共计140多期的《浮山月报》，月报中对每年举办的飘色展示活动都有记录，对比之后发现，《浮石志》和申报书的表述并不准确。现梳理如下，让读者对浮石飘色恢复有较系统的了解。

浮石飘色在1984年参加台城春节联欢。

一

复刊后的《浮山月报》，最早提到飘色的文章是在第二期（1982年6月），由赵顺之等撰写的《杏坛添秀色　兰涧动欢声》，该活动是为了庆祝浮石学校新校舍第一期工程落成剪彩暨建校八十周年纪念庆典，以及裕楹桥建成剪彩，文中说：

(3月6日)四点十分，游行开始。两条雄狮开道，锣鼓喧天。两排武术队扛着十八般武器，雄壮威武。随着两座飘色——“拦江截斗”“嫦娥奔月”——凌驾空中，既英武、又娇娜！地方群众没有见到摆色近廿年，年少一代只靠听人谈说，这回可见到了，男女老少，亲朋戚友联袂奔临，万人空巷，所过大街两旁，人山人海。尾随色架，又是八位艺人化装的“八仙贺寿”，逼真生动，活灵活现。接着是学生队伍，彩旗飘扬，鼓乐喧天，男女少先队员穿着花裙、蓝裤、白衫，手执花束，精神抖擞，活力充沛，踏着整齐的步伐前进。再接着是县、社领导，来宾及旅外乡亲，新闻记者。他们当中有的年事尊高，都不辞辛劳，徒步参加游行，乡人见之无不为之感动。夹道两旁，鼓掌迎送。殿后是琳琅剧团的八音锣鼓，弦歌娓娓，余音袅袅。

1985年加拿大人卡洛与飘色合影。

板色《平贵别窑》。

游行队伍从浮石学校校园出发，通过南平里大街，入正市，经村心，出西头，跨越兰溪，雄镇西北，到达“裕楹桥”牌楼场地参加剪彩。

这次活动极大地引发了乡人对飘色的兴趣，在复刊第五期(1984年1月)的《大年初六飘色游乡　各方亲友云集游山》一文中写道：

我乡飘色是乡人一向爱好的娱乐艺术活动。八二年恢复以来，乡民众议芸生：定期举行飘色游乡；增加飘色台数；更换飘色服装饰品等。乡校首先拨材料、付工钱，再次建造飘色木架两台；羡金君在港闻讯，策动旅港昆仲乐助一万多港元，购买袍服。赵锡贤等热心乡亲又乐捐飘色一台。内外齐心协力，商定大年初六举行飘色巡游，与乡人共庆新春。

自此，除了村外的邀请外，每年的大年初六祭始祖活动，浮石村民都会出动飘色，在村中各坊巡游，只有1996年，因为天气不好，准备好的飘色最终不能出动巡游。

不过，在历史上，浮石飘色是为北帝诞助庆而展示的，当地会在农历三月初三的北帝诞进行巡游。北帝庙在“文化大革命”期间被毁后，使飘色失去了展示载体，而改为在正月初六进行。在2005年北帝庙重光后，当地举办了盛大的巡游活动，飘色位列其中，成为最为夺目的一个节目。在复刊八十四期（2005年6月）中对北帝诞出巡有这样的描述：

正午十二时开始游行。游行前，北极殿周围人山人海，擦肩接踵，大家争着观看在巡游中扮饰的各种人物，电视台的摄影师不断在抢拍镜头。还有不少人在北极殿内上香跪拜各菩萨，殿内香烟缭绕，使人难以睁开眼睛。

巡游开始了。铜鼓头锣，水火棍，十八般武艺开道，他们穿着艳丽的服装，十分威武，那些刀枪画戟在阳光照耀下，发出耀眼的光芒。跟着是七星旗队和武术队，那些七星旗鲜艳夺目，随风飘扬；那武术队，人人都是武士服装，雄赳赳，气昂昂，显出一派英雄气概。在他们的后面，有四名大汉各扛举着“回避”“肃静”的大木牌，俨然古代的官府老爷下乡。再跟着就是八名宫女，有四名宫女各提着宫灯，有四名宫女各拿着龙凤扇。看他们的穿着与打扮，名副其实是宫女啊！在宫女后面的是康元帅、赵元帅、窦元帅、邓元帅四大元帅，他们都是用人扮饰的，各人坐在木椅上，用轿夫抬着走，这四大元

1985年帝寿堂竣工仪式上的飘色展示。宋旭民　翻拍

帅，浮石人叫作“生口菩萨”。在“生口菩萨”后面就是文北帝、武北帝，这两尊菩萨各端坐在木制的轿子上，各用四个轿夫抬着走。北帝菩萨是浮石人最崇拜的，家家户户都有它的神位，逢年过节，它与列祖列宗受到同样的祭拜。最后面是醒狮队和八台飘色，看那些色仔打扮成各种人物，惟妙惟肖，英姿勃勃。浮石的飘色早已远近驰名，此次更吸引外乡人的到来观看。锣鼓喧天，狮舞人欢。整个队伍有数百人，大家衣饰华丽，队伍整齐，使巡游队伍颇有古代帝王出巡的气势。

北帝菩萨出游从北极殿出发，经过十个坊，每到一个坊都停一停，让该坊的坊民参拜北帝菩萨，也让巡游的人休息片时，喝口茶解渴，人们也趁此机会争相观看，北帝菩萨巡完十个坊后返回北极殿才算结束。

据浮石村村委会负责人赵坚文介绍，自此之后，浮石本村的飘色巡游也改在三月初三，而不再在大年初六。

二

根据《浮山月报》刊发的文章，将1982年至2019年（2020年至2022年因疫情原因而未有出外）之间浮石飘色参加的活动（除大年初六祭始祖、三月初三北帝诞外）罗列如下：

序号	年份	活动名称	地点	出动台数
1	1982	庆祝浮石学校新校舍第一期工程落成剪彩暨建校八十周年纪念庆典，以及裕楹桥建成剪彩	本村	2
2	1984	龙狮会舞贺新春活动	台山台城	5
3		浮石中学第二期工程裕盈堂揭幕庆典	本村	不详
4		四九群众活动	台山四九	不详
5		陈宜禧铜像开幕庆典	台山台城	不详
6		冲蒌侨园开幕	台山冲蒌	不详

续表

序号	年份	活动名称	地点	出动台数
7	1985	庆祝恩义祠、南门牌坊、帝寿堂、浮石中学第三期工程落成	本村	10
8		娱乐升平文艺活动	台山台城	10
9		斗山区公所活动	台山斗山	10
10		台城交通修配厂活动	台山台城	10
11	1986	台城交通修配厂活动	台山台城	6
12	1987	公益大桥等五项工程竣工暨新宁大桥等六项工程奠基活动	台山台城	10
13		军民同庆新春游城活动	台山广海	7
14		台城交通修配厂活动	台山台城	10
15		庆祝三八妇女节暨斗山华侨宾馆开业一周年活动	台山斗山	10
16		华艺工艺编织厂隆重举行落成剪彩典礼	本村	10
17		《浮山月报》纪庆活动	本村	10
18	1988	丽都电子厂活动	开平三埠	不详
19	1989	与霞路宗亲联欢活动	新会霞路	6
20	1991	水灯节巡游	澳门	不详
21	1993	江门市第二届艺术节	蓬江区	不详
22		《浮山月报》创刊五十八周年	本村	8
23		仕路村林玄辅纪念馆落成剪彩庆典	新会仕路	不详
24		锡沛公园和珠爱亭落成剪彩	本村	
25		沿海公路奠基庆典	台山	不详
26	1995	浮石儿女第二次故乡行	本村	8
27	1997	元旦纪庆活动	新会三江	8
28	1998	圣帝君庙会	新会三江	2
29		赤湾祭宋少帝陵	深圳	2
30		龙冈古庙赵云诞大会	开平水口	2
31	1999	斗山广场剪彩活动	台山斗山	不详
32		澳门回归活动	澳门	不详

续表

序号	年份	活动名称	地点	出动台数
33	2000	浮石中学落成剪彩庆典	本村	8
34		广海华一五金公司一周年庆典	台山广海	不详
35	2002	迎恩门楼、迎仙门楼落成庆典	台山广海	不详
36	2004	新会圭峰庙会	新会会城	8
37		江门市华侨华人嘉年华	蓬江	8
38	2005	首届广东省民间飘色艺术表演大赛	中山黄圃	不详
39	2006	全国首届飘色（抬阁）艺术展演	番禺	不详
40	2008	古城文艺飘色游行	台山广海	不详
41		国母诞活动	新会古井	不详
42		中国第七届民间艺术表演	番禺	不详
43		爱乡桥通车庆典	台山斗山	不详
44	2009	龙冈古庙修复十一周年庆典	开平水口	2
45	2010	飘色醒狮大巡游	台山斗山	8
46		向法国法中电力协会代表展示	台山斗山	8
47		横江天后娘娘诞辰	蓬江棠下	8
48		江门华人嘉年华大巡游	蓬江	8
49	2012	台山文化旅游博览会	广州天河	8
50		世界开平龙冈亲义总会第十五届恳亲大会	开平水口	4
51	2013	霞路霞洞贺新岁	新会霞路	4
52		鹤城小官田花炮庙会	鹤山鹤城	8
53		第六十五届敬老暨天后文化节	蓬江棠下	8
54	2014	台山市2014年龙狮起舞贺新春活动	台山台城	不详
55		第八届国母诞开幕式和出巡活动	新会古井	不详
56	2015	《浮山月报》创刊八十周年志庆暨中国历史文化名村挂牌仪式	本村	8
57	2016	国庆飘色展示	台山斗山	4
58		重阳节活动	四会贞山	8

续表

序号	年份	活动名称	地点	出动台数
59	2017	2017年美国斗山同乡总会恳亲大会	台山斗山	不详
60		2017年海外华裔青少年“中国寻根之旅”夏令营——台山营	本村	1
61	2018	广东(佛山)秋色巡游	佛山	2
62	2019	新春活动	台山斗山	8
63		“美丽湾区 幸福游会”广东省非物质文化遗产展示系列活动暨2019茶园游会大湾区传统文化大巡游	东莞茶山	8
64		浮石二坊村容村貌建设落成典礼	本村	8
65		“文化和自然遗产日”广东陆河分会场	陆河	4

如果去除2020年至2022年因疫情原因而未有出外的因素，在37年间平均每年展示1.7次，再加上每年在大年初六或三月初三的1次展示，每年的展示频率近3次。其中以刚恢复之后的1984年至1987年4年最为频密，这4年共展示了16次，平均每年4次，但主要集中在台山地区巡游。2008年入选国家级非物质文化遗产之后，又迎来了一个小高潮，在2008年至2010年，共展示了9次，平均每年3次。而在2017年之后，由于社会对非遗日益重视，展示的频次也有一定回升，而且有3次是到江门市外展示、有1次是在本村向海外华裔青少年展示，大大提高了浮石飘色的影响力。

从展示的地区来看，本村共12次，主要是本村的重要建筑建成，或是重要纪念活动，如《浮山月报》纪庆活动。显示当地华侨对推动这项传统民俗活动复兴发挥了不可替代的作用。另外，据《浮山月报》复刊第十三期(1987年5月)介绍，当时本村打算为某个侨领回乡摆色，但在亲属的要求下取消，自此，浮石飘色从来没有专门为某个华侨回乡而出过色。

台山地区(除浮石村外)的展示次数最多，达到24次，其中斗山镇和台城最多，分别有8次，台城多的原因是有更多的展示活动，另有3次是某个企业的邀请。除此之外，四九、冲蒌、广海3镇也邀请过。广海邀请了3次，主要原因是广海当地有龙冈公所，而浮石赵姓是龙冈公所成员，两地因龙冈公所的纽带而有较为紧密的联系。

江门地区（除台山外）的展示次数为17次，以新会最多，达8次，主要是当地的宗亲、恩亲的邀请，特别是新会霞路村，该村与浮石的宗派关系最近，来往也最为频密，几乎每年都有互访，互访期间进行祭祖活动。还有3次是到开平展示，其中2次也是由于当地的龙冈公所的关系。

江门以外的展示地区包括广州、深圳、澳门、中山、佛山、肇庆、东莞、汕尾，以珠江三角洲城市、广府文化城市为主。最早一次展示是1991年参加澳门的水灯节，显示浮石飘色的影响力逐渐扩大到江门地区以外。在入选国家级非遗之后，到江门地区以外展示的机会也明显增多，显示非遗称号对该项目的推动作用。

从地缘的关系看，基于台山地区的地缘关系而展示的次数最多，达到36次；在台山地区之外的展示中，因宗亲、恩亲、宗族联盟关系而邀请的有10次，包括到深圳拜祭宋少帝陵，与霞路、三江的宗族联谊活动，龙冈公所的庆祝活动等，另外有11次是由政府组织的活动，主要集中在2000年之后，显示出各地政府对非遗的日益关注，为这些传统民俗活动提供了更大的展示空间。这些活动也促成了浮石飘色能够走出江门，在更大的平台上展示。

从展示的台数来看，除了报道不详的之外，前期常常有10台。而到中后期，则以8台为主，基本不会出动10台。据县级传承人赵醒全介绍，主要是出于成本考虑，8台色架刚好装满一辆中型卡车，而相关的人员约90人，也刚好坐满两辆大巴车。当然，每台飘色的价格约4000元，邀请单位也可根据自身的情况邀请不同数量的色架。不过，展示的台数一般为双数，极少出现单数的情况，这与广东民间对数目的喜好有关，而“8”又被认为是最讨彩的，因而颇受欢迎。

金龙围绕着花灯在水塘中起舞　宋旭民　摄

扎灯　送灯　充灯　起灯　舞灯　打灯

——记2016年的泮村灯会

宋旭民

筹备会

2016年1月9日上午，上百名邝姓族人在开平水口泮华村（自然村）喜迎门酒楼聚餐，讨论泮村灯会如何办的事情。会议由邝氏宗亲会常务副会长邝均棋主持。

泮村灯会设有三个花灯，按照旧例，每个花灯分别巡游，将泮村邝姓的辖区分别游一遍，以保佑邝姓上下平安兴旺。改革开放后，花灯仍然将泮村全境游一遍，但改作三个灯合起来巡游，减少了人力配备。然而，随着邝姓人口增加、村域范围扩张，将辖境全部巡游一遍既耗费人力，也花费时间，有时要到晚上八九时才游完，让边远的唐良等村的族人很有意见，巡游队伍也苦不堪言。2012年那届又进行了改革，三个花灯分别巡游部分区域。但这样一来，老一辈人又有意见了，因为任何族人在某处只能看到其中一个花灯，其热闹程度大不如前。于是，此次会议就是为了解决这个问题，从三个方案中选择一个：第一个方案是三个灯一起走，将全境巡一遍；第二个方案是三个灯分片区走；第三个方案是遵照旧例，三个灯分别将全境巡一遍。

邝均棋等老一辈更倾向于选择第一个方案。但是，此次前来商议的大部分族人属“少壮派”，在他们的拥护下，决定选用最为省时省力的第二个方案。

除了这些会议，邝均棋与邝积厚两个老搭档整整筹备了半年时间，其间大至款项的筹集、巡游人员的配备、巡游路线的制定，小到各处悬挂标语的撰写，大致都由他俩统筹考虑。而各个村庄也都选出有威信、有能力的人员统筹本村的工作，他们主要负责本村所需资金的筹集，花灯进村后所需人员的安排。

扎灯

按照旧例，扎灯一定是由龙田、塘唇、书厦三个村负责。邝枝仔是龙田村人，负责龙田村的花灯；邝国强是塘唇村人，负责塘唇村的花灯；邝华杰是书厦村人，负责书厦村的花灯。三年前，龙田村的邝枝仔去世，无人继承这项技艺，这个村的花灯便转由塘唇村的邝国强负责。2016年年初，书厦村的邝华杰身体不太好，无力扎灯，书厦村的花灯也交由邝国强负责。

当笔者来到塘唇村，看到邝国强带领着他的老搭档邝社贵、其弟弟邝明浩，以及儿子邝活发、孙子邝锦泉在村口制作花灯。他们的手指都留有丝丝血迹，估计是被竹篾弄伤的，邝锦泉则特意戴了一双白纤维手套。这一年的任务虽然加重了，但有几个得力帮手协助，花灯还是能够按时按质完成的。

扎好后的花灯分为灯头、灯芯、灯肚、灯尾、灯须五个部分。灯芯长16尺（司码尺），灯肚直径5尺，灯尾宽3.2尺。整个花灯重约35斤，高约3米。本次扎花灯因为有年轻的孙子邝锦泉作帮手，所有进度大为提高，在农历腊月廿三就基本扎好了。

送灯

所谓送灯，就是把花灯由扎制的村庄送至祖祠，并由起灯村庄的父老确定侯王灯、二王灯和三王灯。送灯是整个灯会的序幕，由龙田、书厦、塘唇这三个负责扎灯的村庄分别将花灯送至听泉祖祠。

2016年2月20日下午4时30分，三个灯分别起步送往听泉祖祠。三个村各摆出了数十人的队伍，其中以龙田最为隆重(2016年由其起灯)，包括：

总指挥:1人
打锣:2人
高照灯笼:2人
头锣:4人
头牌:3人
罗伞:2人
大旗:8人
醒狮:7人
狮被:2人
抬鼓:6人
打钗:5人
打锣:4人
打鼓:7人
担灯:9人
飞耙:2人
长钗:3人
烧长炮:2人
烧炮:3人
护灯:15人
共计:87人

这些人员全为男性。花灯送至听泉祖祠后，并排列于祖祠之前，由负责起灯的村庄父老挑选。按照惯例，侯王灯起灯在向北、圣堂、下坑、上坑、金龙、象龙6个村庄中抽签或轮流产生，二王灯起灯由龙田、书厦、塘唇3个村庄轮流产生，三王灯起灯必定由大塘村负责。2016年的灯会分别由圣堂村起侯王灯，龙田村起二王灯，大塘村起三王灯。选灯中，先由圣堂村选侯王灯。圣堂村的几个父老逐一看过花灯，然后交头接耳，最后选了样式更为漂亮的最右侧的花灯。接着是选三王灯，剩下的便是二王灯。

选定花灯之后，便由圣堂村的父老下跪叩拜、焚香，把花灯请回圣堂村。需要注明的是，侯王灯当天要送回起灯所在村庄的祠堂过夜，第二天再送来听泉祖祠起灯，而其余的灯则要留在听泉祖祠过夜，第二天再从听泉祖祠接回本村起灯。

在舞灯之前的送灯最为“麻烦”，因为舞灯时可以将花灯平放，由两人抬着走，但送灯时的花灯必须是竖着走。据参与抬灯的邝均源介绍，如果没有风，一个人也能挈着灯走，如果起风就需要2~3人一起来挈了。当时的村庄之中横七竖八地拉了很多电线，高近3米的花灯肯定会触碰到电线，游行队伍只能时而竖起花灯，时而又放下花灯。放下花灯时，需要3个人先稳住灯头，缓缓地将其往前倾，前头则由人以飞钗托住。竖起花灯时，又需要人以飞钗支撑，将其托举起来，3人抓住灯头缓缓竖起。从龙田村到听泉祖祠大约是700米的距离，其间花灯来回起降近十趟。

充灯

所谓充灯，实质就是投标，以价高者得的方式竞争抬灯的权利。灯会前一天或两天的晚上，各个村庄的男性在酒足饭饱之后便会聚在一起，开展激烈的充灯。

不过，各村的充灯差别非常大，有的村庄充得非常高，像向北村，一千多人口中有不少大老板，常常把灯充到几万元，而2016年这一届更是充到10万元的高价。但大部分的村则是几千甚至几百元，笔者观察的见龙村就是这样一个平静的小村庄。

一般而言，各村充灯会分成灯头和灯尾，但见龙村似乎对花灯并不感兴趣，合成一个来充。据邝伦佑介绍，该村在民国时曾违反祖制，抢过一次起灯，但当年的运气不好，以后就不敢再抢了。可能因为这一事件，使族人对花灯是既爱又怕。而长期在鹤山工作的邝耀宗则解释说，该村人性格较为平和，可能也是充灯场面不激烈的主因。

充灯头期间，由村委会成员邝巨学起头叫了个128元，之后很长时间都没有人响应。鼓动了十多分钟后，邝给学才给出了168元，结果以168元的“白菜价”充得整个灯的抬灯权。

不过，接着下来的充龙显得激烈得多了。刚一开始，邝永富便叫价168元，接着邝万兴加至188元，邝卓英不久加至228元。邝万兴的兴致很高，甚至走上台前帮助村委会成员一起叫价。由于他年轻，会说话，充灯的气氛活跃了很多，后来邝志勇以328元获得充龙权。村委会看到舞龙受到大家欢迎，即兴加了个充龙尾，邝巨学起了个12.8元的价，之后由邝志勇以88元充得。

充完灯之后，充灯者要马上掏钱给村中会计，这些钱将用于买鞭炮，在舞灯期间燃烧。邝志勇显然是超预算，口袋中的钱不够，只好叫旁边的兄弟帮忙垫了些。笔者问邝志勇，为何对龙情有独钟，他说龙的意头好。还表示，自己刚登记结婚，老婆也带回家了，估计今年要在家摆喜酒。

起灯

所谓起灯，就是花灯在舞灯前所进行的一系列拜祭及舞动仪式。

2016年2月21日早上6时许，龙田村的人陆续出门。先是一位阿婶提着一桶柚子叶浸过的水，将花灯要经过的村道喷洒一遍，据说是可以辟污。7时，村长邝锐庆提着铜锣沿村道敲打，召集人员。此时，也有在附近居住或工作的族人陆续回村。

而村文化楼中早已放置好当天到祖祠接灯的六张八仙桌。八仙桌分别放置香案、斋菜（红枣、粉丝、黄豆、豆腐、腐竹、茨姑）、丹凤（生鸡）、金猪（烧猪）、生羊、生猪。香案上还要放置6样果品，包括糖莲藕、瓜子、桔、柚、蜜桔、糖瓜。丹凤和生羊以站立的姿态固定，丹凤更是张开双翼，栩栩如生。祭牲上还贴上彩纸，作为装饰，而三牲木案还要垫以柏子叶，以辟污秽。这些供品主要都是为取子孙满堂、财源不断、大吉大利、事事顺利等意头的。

当日8时，六案供品齐置于本村神屋前，按顺序排好，请出8位本村耆老，代表本村向天求拜，保佑灯会顺

起灯仪仗中的6张祭台　宍旭民　摄

利。这8位耆老头戴黑绒瓜皮帽，身穿黑色唐装，由8位年轻人搀扶，端坐于供品之前，与周围的红色形成鲜明对比，显得非常肃穆。

起灯队伍除了前述的仪仗外，还有以女性组成的抬案队，两人一组抬八仙桌，加上辅助，共有26人，再加上仪仗队，共有113人。

按照规定，在一村中舞灯由该村的人员负责，而村与村之间的路程则由负责起灯的村庄护送。龙田村要派人护送整天的舞灯活动，只派一批人显然是不够的。因此，龙田村除了送灯、起灯之外，还组织了全天的护灯队，分成两组：

第一组

组长：3人

醒狮队：12人

敲锣打鼓：13人

护灯：15人

第二组

组长：3人

醒狮队：12人

敲锣打鼓：13人

护灯：13人

另有机动护灯队：19人

两组人轮流接替：第一组由龙田至松山，第二组由松山至福绵，第一组由福绵至潭江、汇龙返松山，第二组到松山接灯回龙田。而早上、晚上第二组负责放鞭炮。

当日8时30分出发往祖祠接灯，路两旁都挤满人，短短的700米路程走了15分钟才到达。一路伴随着此起彼伏的鞭炮之声，以及因鞭炮燃烧而升起的浓烈的烟尘。负责指挥工作的邝浩廉告诉笔者一个细节，三个村的送灯要联动，主要通过古老的方式——山炮：一声炮响召集人员，两声炮响人员到位，三声炮响队伍出发。邻村便要根据龙田村发出的信号配合行动。

巡游队伍来到祖祠，那里早已挤满了人，四周的楼房顶上也排满了摄像机，这些摄像机提早两三小时便来占据有利地形。巡游队伍留在祖祠前等候，而8位耆老及6案供品则进入祖祠之内，向祖先禀报，仪式大约持续20分钟。

在此期间，花灯置于祖祠外，由护灯队看护，而各村的狮、龙都齐聚祖祠，围着花灯起舞，鞭炮声震耳欲聋，场面非常热闹。

仪式之后，巡游队伍将花灯接回龙田村，直至9时30分才到达村庄。之后由耆老在灯头、灯尾绑上竹杆，至此，花灯就不用竖起，全程可横放扛着走。

舞灯

当日10时整，舞灯正式开始。所

谓舞灯，就是族人抬着花灯在各村巡游，拜各村的神灵。

花灯在仪仗队的簇拥下，按照社稷、门楼（大将）、神屋、塘神、石敢当、玄母的顺序拜祭。每个神灵拜两次，先是以灯头对着神灵颠三颠，然后转一圈，此为一次。花灯从村头拜至村尾，再从村尾拜至村头，再由村头拜至村尾，三趟拜祭后便结束在龙田村的舞灯，前往别村。

三个灯分三条路线巡游，具体如下：

侯王灯

市地—石巷—过塘—在龙—睦绵—圣堂—侯王庙—仁和—长禄—向北—象龙—龙行—金龙—下北—下中—上坑—余庆—合龙—石龙—平岗—朝金—良兴—东成—龙安—见龙—北滘—潭江打灯

二王灯

龙田—塘唇—书厦—赤楼—市地—迎龙—斌堂—凤仪—大园—朝阳—福龙—锦龙—福昌—潭江—汇龙—松山—龙田打灯

三王灯

市地—大塘—大榄—上村—福绵—太平—福安—在田—骑龙—沙岗头—太和—泮龙—沙堤—镇政府—泮华—麦屋—石龙—平岗—良兴—朝金打灯

在各村舞灯的形式都大同小异，最有特色的莫过于金龙村。该村原名牛口村，村人认为“花灯入牛口”不吉利，一定要从水中入，故而花灯要从村前的塘中趟水而过。有一年塘干了，也要从别处抽水进去。

由于这一特殊的风俗，使金龙村的舞灯远近闻名。笔者当日下午2时来到金龙村时，整个水塘已被围得水泄不通，据目测有一万多人。

负责舞灯头的邝均毅身高1.8米多，他在开平市区居住，但每届灯会都会回来，也连续3届下塘舞灯。他表示，下塘舞灯并不冷，能为本村舞灯很自豪。

金龙村的舞灯安排如下：

舞灯：4人

龙珠：3人

龙头：4人

龙间：32人（16节，分两批人）

龙尾：2人

舞狮：5人

执勤：19人

补充人员：14人

其中，舞灯、龙珠、龙头、龙间、龙尾的29人需要下塘舞灯，这些队员基本都是二三十岁的年轻人。

打灯

所谓打灯，就是众人把花灯撕烂。由于族人相信花灯为神的化身，可保佑平安，故每次打灯都会出现激烈的争抢局面。有幸抢得花灯残片的人会将其放于家中的神台之上。按照旧例，侯王灯必定在潭江村打灯，三王灯必定在朝金村打灯，而二王灯则在当届起灯的村庄打灯。本届灯会二王灯在龙田村起灯，相应地也在龙田村打灯。

二王灯在当日6时50分才到达龙田村。花灯进入龙田村后，仍按早上起灯的程序，在村中的神灵前巡回拜祭3轮，待第3轮来到村中间拜完玄母，马上进入打灯程序。

拜祭仪式刚刚结束，等候在一旁的人便一哄而上，在不到3秒的时间内，花灯便化为片片碎纸。抢得碎片的人兴高采烈地离去，未能抢得碎片的人则继续低头在地上寻觅，希望能找到一点被抢剩的纸碎。

随着打灯结束，整个灯会也顺利结束。

相关阅读

泮村灯会浅探

谭国锋

2023年2月6日21:00，新浪网发布一篇源于“羊城派”的报道《央视直播！　国字号非遗水口泮村灯会走进赤坎古镇闹元宵》，略谓：

记者从江门开平市委宣传部获悉，2月5日元宵佳节，开平市在赤坎华侨古镇举办国家级非物质文化遗产项目——水口泮村灯会民俗展演活动。活动还得到央视“上元佳节　灯火良宵”特别直播节目的关注。由央视策划，携手江门市委宣传部和开平市共同制作的《广东江门：龙腾狮舞送花灯　侨乡骑楼话团圆》直播活动，在央视新闻客户端等12个媒体平台上同步播出，吸引了广大市民群众以及海外华侨华人、港澳同胞关注。

2019年泮村花灯会现场　邝伟棠　摄

据介绍，水口泮村灯会起源于明代，至今已传承五百多年，是开平规模最大、场面最热闹、影响最广、名气最盛的传统民俗活动，于2008年入选第二批国家级非物质文化遗产代表性项目名录。泮村灯会每三年举办一次，在农历正月十三，家家户户张灯结彩、燃放炮竹，村民敲锣打鼓，舞龙舞狮，举着花灯游遍全乡自然村。此次为进一步推进文旅融合发展，促进非遗项目的保护传承和创新性发展，开平市在赤坎华侨古镇举办泮村灯会民俗展演活动，让更多市民和游客感受侨乡文化魅力。

“泮村”两字融合了族群文化

泮村属开平市水口镇，地处潭江北岸平原区，东与新会交界、南与台山相邻、西连开平市纵深，北与鹤山接壤，总面积16平方公里，水陆交通两便。当地人读“泮”字发音接近于wun或wuan,其实是南越先民的发音

vun的变音。壮学大家徐松石说南越语中的vun就是人，引申为人居住的村寨、部落。白云山、大云山和鹤山云乡、云浮市的“云”字就是它的译音。“泮”字在粤语中发音为pun或pan，其实就是番禺的“番”、顺德潘村的“潘”和盆允（宋齐间人沈怀远的《南越志》作“盆元”）县（属新会郡管辖，县址和郡址在今杜阮镇，大约包括今天的泮村和鹤山址山、新会司前、台山白沙一带及其相邻地域）的语源，就是西双版纳的“版”和阪泉的“阪”及长坂坡的“坂”；广州的黄边、尹边和南海的谢边及中山的张家边、曹边的“边”字也是它的同音异写。

《尚书大传》卷四载“成王之时，越裳重译而来朝，曰道路悠远，山川阻深，恐使之不通，故重三译而朝也。”战国时秦惠文王灭蜀，蜀王子逃跑到交趾地域，号称安阳王。赵佗灭安阳王，建立南越国。岭南地域与华夏文明的交集和相互影响，在西周初至秦汉初就一直没有断绝过。泮村是一个保留着华夏上古至今各个年代和族群的发音的发展的地名，也是族群文化融合的一个例证。

起源于传统的灯会

相传泮村灯会起源于明代。当时官场腐败，盗匪横行，民不聊生，泮村邝姓十三世祖祁健斋前往拜见曾在泮村执教的名儒陈白沙，询问消灾避祸的办法。陈白沙说泮村有狮山、虎山、象山、马山、牛山五座黑石兽山，五兽镇村，本可确保平安，但作为五兽之王的狮子昏睡未醒，其余四兽捣乱，才导致当地灾祸频仍。他建议乡中各家挂灯鸣炮、敲锣打鼓以吵醒狮子，让它管住四兽。泮村民众听从指点，于明英宗天顺八年（1464年）正月十三，家家户户点灯鸣炮，摇旗呐喊，响声震天。据说自此以后，泮村又恢复了太平景象。

其实，泮村灯会应该是起源于传统的灯会。灯会是民间传统的群众性节庆活动，它流行于全国各地。灯会多出现在元宵节期间，也有些地方在农历七月十五举行灯会，不同地区的灯会特色各不相同。

元宵节也称“灯节”，元宵燃灯的风俗起自汉代，唐宋时得到进一步发展，明清时期各地灯会活动达于鼎盛。按照传统习俗，正月十五月圆之夜，人们张挂和燃点各式各样的彩灯，同时举行观灯、赏灯、赛灯等活动，以祈愿阖家团圆、人寿年丰。以灯会为中心，各地渐渐形成了猜灯谜、吃元宵、走百病等一系列的元宵节俗。不少地方还增加了耍龙灯、耍狮子、踩高跷、划旱船、扭秧歌、打太平鼓、抬阁等民俗表演，使灯会显得更加热闹红火。宋词中就有许多以元宵(元夕、元夜)为内容的名篇。明代以来的许多传奇说部中，也以这一天为故事情节的发展背景。

正常年月的每年正月十三当日，泮村村民们抬着三牲祭品，以罗伞彩旗开路，三个大花灯采取不同方向、不同路线游遍泮村各个自然村。每到一个村，都是鞭炮齐鸣，村民舞着醒狮或金龙在村口迎送，并一起游村。从早晨到黄昏，游遍全乡。每年台山、新会、鹤山等邻近县市的群众也会赶来参观助兴，整个灯会一派喜气洋洋的景象，热闹非凡。

泮村灯会曾因各种特殊原因(如康熙时的“迁海令”)几度停顿。改革开放后，首届泮村灯会于1985年农历正月十三起舞，泮村全乡家家户户张灯结彩，炮竹震天，龙狮共舞，伴随四米多高的大花灯，由早到晚巡游全乡四十个条邝姓自然村。从2004年开始，泮村灯会每年一小舞、三年一大舞(前面报道中说的“泮村灯会每三年举办一次”说的其实就是大舞)，六十年(凡甲申年)搞一次盛大庆典，意在进一步推广泮村灯会，使这项传统文化得以发展、传承。其全过程包括扎灯、送灯、充灯、起灯、舞灯、打灯，故择其名为“泮村灯会”。

可以说“泮村灯会”是一个民俗文化层层累积、与时俱进的灯会。

凝聚人心的桥梁和纽带

“泮村灯会”曾是少数有钱人的灯会，如今不仅是泮村全村人的灯会，还成为凝聚人心、凝聚侨心、振奋人心的桥梁和纽带。

“泮村灯会”于2008年6月入选第二批国家级非物质文化遗产名录

以来的第一届舞灯盛会较往年热闹许多，除了泮村近2万个海内外乡亲参与外，还吸引江门五邑乃至珠三角周边城市以及港澳同胞众多慕名者和摄影爱好者前来观看、摄影。借此良机，“泮村灯会”就像歌曲唱的那样：“冲出亚洲，走向世界，为祖国争光！”

巡游队伍开动了。远望，延绵3公里长的队伍如同一条巨大的彩带点缀在广袤的原野上；近看，有白发苍苍的老人，有成熟稳重的中年汉子，有意气风发的小伙子，有刚柔并重的邝家媳妇，有活泼端庄的少女，有稚气未脱的小孩。他们步调一致，英姿飒爽。由泮村媳妇组成的泮村舞蹈队，在领头人富有节奏的哨子声指挥下，齐刷刷地扭着腰肢跳着舞。

这种盛况只能出现在当代。宋代至中华人民共和国成立前的千年岁月，有权势或有钱人家的妇女是要缠小脚的，缠小脚者不能正常行走，也不轻易抛头露面；穷人家的女性不用缠脚，可以正常行走，却又没有资格参与。

变通及发展了古代祭祀仪式

泮村村民们抬着三牲祭品来参与灯会，其实也是后来结合了古代的衅鼓（釁鼓）的传说而添加的环节。

衅鼓是上古时的一种祭礼。上古凡重要器物（如钟、鼓等）制成后，一定要杀牛、羊、猪（三牲），把它们的血涂在新器物上表示祭祀，称作衅。《左传·成公十三年》有这样的说法：“刘子曰：‘国之大事，在祀与戎，祀有执膰，戎有受脤，神之大节也。’”（刘康公说：“国家的大事情，在于祭祀和战争。祭祀有分祭肉之礼，战争有受祭肉之礼，这是和神灵交往的大节。”）国之大事如此，族之大事亦如此。

衅鼓在春秋战国时得到了发展：两国发生战争时，杀人或杀牲把血涂在鼓上行祭。《左传·僖公三十三年》的《肴之战》中，秦将孟明（就是那位大名鼎鼎的百里奚的儿子，姜姓，百里氏，名视，字孟明）说：“君之惠，不以累臣衅鼓，使归就戮于秦。”他感谢晋国国君不把被俘虏的他杀了衅鼓，而让他回秦国去受诛杀。《左传·定公四年》载：“君以军行，祓社衅鼓，祝奉以从。”(杜预注:“师出,先有事祓祷于社,谓之宜社。於是杀牲,以血涂鼙,为衅奉。”)《史记》的《高祖本纪》说:“祠黄帝,祭蚩尤于沛庭,而衅(兴)鼓旗,帜皆赤。”可见到了汉代,仍然有这种做法。

衅鼓后来发展成了古代出师前举行的一种祭祀祭旗仪式。明代罗贯中的《三国演义》第廿二回:“饮酒诈醉,寻军士罪过,打了一顿,缚在营中,曰:‘待我今夜出兵时,将来祭旗。’”《三国演义》第四九回:“吾今缺少福物祭旗,愿借你首级。”清代《说岳全传》第三十九回:“岳飞叫人下山,挐我营中兵去,当作福礼祭旗,可恨可恼。”

因为这些传奇小说的四处传播,使衅鼓这种做法得以深入人心,在稍作变通后,以新的形式保存下来,并有了新的发展。

泮村村民们抬着三牲祭品来参与灯会的做法,就是这么一回事。这也是粤语所谓的粤俗“太公分猪肉”的一个深层原因:神灵(祖先)让我们得到好处,我们应当尊重神灵。

春秋以前,人们祭祀先人是不放炮仗的,因为那时还没有发明火药。后来,火药发明了,于是生产出了炮仗。人们祭祀或有红白二事,往往少不了炮仗。和泮村灯会的当下形式类似,这也是民俗文化层层累积和不断发展的一个例子。

非遗传承人邝国强话泮村灯会

黎彩娟

开平泮村灯会,当地人称为舞灯,至今已有500多年历史。

2016年,笔者采访水口镇塘唇村的邝国强,他是国家级非物质文化遗产项目省级代表性传承人,出生于1932年。

邝国强身体硬朗,有点耳背,但很开朗健谈。

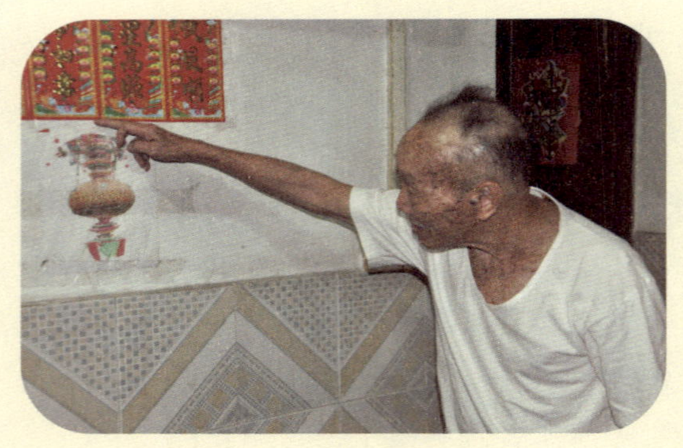

邝国强

邝国强的扎灯工具中，篾钳是父亲传下的，尺子则是爷爷传下的。他从1985年开始扎灯，跟父亲学了两年后，就超越了父亲。他发觉父亲扎的灯肚不够圆，篾条不够薄，就自己操持起凿、剪、尺、锤等器具，琢磨开了，慢慢地，手艺越磨越精。

邝国强说，扎一个灯要40“工人”(一人干活一天谓之一工人，量词)。1985年的时候扎一个灯要800元，到了2014年，扎一个灯要8000元，仅材料就要四五百元。每年扎3个灯，塘唇、书塘和龙田各扎一个。

邝国强说，每年舞灯是在农历正月十三，那么正月十二晚之前就必须扎好灯。到了农历正月十二晚上，灯扎好后，被送到祖祠，放在地上，排成一行，看谁中“头标”，中标的就挑个最漂亮的灯。泮村有3个庙，分别为侯王庙、三王庙和龙母庙，其中的龙母庙也叫二王庙。1号灯摆在侯王庙、2号灯摆在三王庙、3号灯摆在龙母庙。

“侯王庙里的1号灯在正月十二下半夜开始游行，龙狮鼓尾随，逐个村游行过去。二王灯和三王灯在第二天早上开始巡游全部邝姓的村。40多个村，100多公里。灯头有39斤多，便一公里换一个人，村里全部年轻人都参与，统一装束，分好工，一人走一段路。1986年的灯会最热闹，塘唇村起灯头。大人舞灯，小孩在灯肚下钻来钻去，说是钻过灯肚的小孩读书聪明。那一年人也多，很多华侨都赶回来，摆酒就有100多桌。酒菜不够，赶紧去水口办菜，都走了9趟……”邝国强回忆说。

邝国强说，“金龙过水”这个环节也扣人心弦。舞灯舞龙的人跳进池塘里，水深及胸，要护着灯以免它湿了。尽管此时天寒地冻，他们也浑然不顾。围观的乡亲里三层、外三层，不时发出喝彩声。金龙过了水之后，还得翻墙入祠堂。人不够高，就借助凳子、梯子翻过去。

晒陈皮　新会区非遗保护中心　供图

新会陈皮：药典里的金子

江门市新会区文化馆　江门市新会区非物质文化遗产保护中心

新会是一座有着1800年历史的南粤历史文化名城，也是拥有70多万位海内外侨胞和粤港澳台乡亲的著名侨乡。

源于宋代的新会陈皮文化，既是新会千年古郡厚重历史的见证，也是侨乡新会独有的文化瑰宝。新会陈皮是国家地理标志保护产品，是国内为数不多的"双地标"产品，故新会区被称为"中国陈皮之乡""中国陈皮道地药材产业之乡"。

2021年，新会陈皮炮制技艺（中药炮制技艺）正式入选传统医药国家级非物质文化遗产代表性项目名录。

历史陈香

陈皮入药已有700多年历史,《本草纲目》称:“(陈皮)苦能泄能燥,辛能散,温能和。其治百病,总是取其理气燥湿之功。”世间有川陈皮、广陈皮等,以广陈皮为上品;广陈皮中以新会产地陈皮为正品,更以经年陈藏为珍品。《广东柑桔图谱》记述:“大红柑原产新会,主产新会。果皮是制中药陈皮及陈皮系列食品的正宗原料。”

早在元朝初期,新会柑橘生产已见记载,在外海(龙溪),仅陈氏一户便有“甘(柑)子田租十石”。

元末明初新会诗人黎贞的诗集中有“尘外亭前桔柚肥”,明中陈白沙的诗集中有“橙桔盈园野芳杂”的诗句,而梁启超《说橙》中也对柑橘生产提出了自己的看法。在明代,有新会商人利用运销葵扇之便,也将新会陈皮销往外省。

清代乾隆、嘉庆年间,新会葵商在重庆、成都等地相继开设德隆、悦隆等9家“隆”字商号,主营葵扇,同时大量经销新会陈皮。清末光绪三十四年(1908年)的《新会乡土志》记载,新会陈皮为当时主要物产之一。

民国元年(1912年)前后,会城有经营新会陈皮的专营店30间、兼营葵扇的商号五六间,它们集中于会城河以南贤洲街一带(今冈州大道中原贤洲路段)。一些大户还在上海等地开设批发店,这些大户不少是经几代人的传承,其中以刘怡记(最初叫刘全记)生意较大,较为著名,刘怡记于清乾隆年间(1736—1795年)开业,而一些小户在本地或广州卖货。当时,新会陈皮被运到上海、重庆、广州3个主要市场,然后转销到全国各地。

抗日战争前,新会每年产新会陈皮量约700吨,仍未能满足全国各地需要。这些大批量的新会陈皮,由各商号向小贩收购,而小贩则到全县各乡村作零散收购。

近年来,新会区以建设新会陈皮国家现代农业产业园为驱动,大力推进陈皮产业转型升级。

目前,新会陈皮全产业链产值已超百亿元,吸引社会投资超30亿元,注册经营主体超1000家,其中龙头企业12家。新会建成了粤港澳大湾区首个国家现代农业产业园,为全省乃至全国乡

新会陈皮炮制技艺流程图　新会区非遗保护中心　供图

村产业振兴贡献了“新会样板”。

炮制名药胜黄金

新会陈皮制作技艺是新会人通过反复研究、实践，从种源、采收、加工、炮制到包装销售的每一个细节，积累出的完整的产业体系和产品体系。

新会陈皮炮制技艺流程包含采摘、开皮、反皮、翻皮、晒制、陈化：在果皮颜色呈青绿、微红、大红3个时段采摘；洗净后采用“二刀法”或“三刀法”开皮，下刀浅、慢、柔，运刀深、稳、快，收刀浅、轻、慢，留果蒂相连，均匀三瓣剥开；开后的果皮阴干6小时，皮身变软后快速手工反皮；再日晒至半干后翻皮，晒至干硬时收皮；贮存陈化需严格控制温度和湿度，选用麻袋或草席袋包装，堆放时“下不靠地、边不靠墙、上不靠顶”，未满3年的新皮要在每年6—11月的晴天晒5～6小时，11月至次年5月入库陈化。如此反复三年，才成为新会陈皮。

经严密考究炮制出来的新会陈皮药用价值高、应用广泛。北京同仁堂、广东陈李济等老字号以其为原料制成50多个中成药品种。2016年，新会陈皮成为首批广东省岭南中药材立法保护品种。

此外，新会柑也非常讲究种植技术，只有应用圈枝或嫁接苗木、水田建园、利用老果树生产、多施基肥、水旱轮作等技术才能生产出好的柑皮原料。讲究采收时期，不同采收期加工出不同货式，不同货式用途不同。讲究陈化条件，陈化条件对新会陈皮的品质形成至关重要。在新会，一直都是采用自然晒制和自然界贮存法加工新会陈皮，因而，新会陈皮质量对产区自然条件依赖非常高。

传承新会陈皮文化

广东省非物质文化遗产新会陈皮制作技艺代表性传承人陈柏忠，也是百年陈皮老字号新宝堂的第四代掌门人。1978年出生的陈柏忠，与新会陈皮有着深厚的感情，他自8岁起便与陈皮同“睡”一屋，13岁便跟随父亲学习新会陈皮炮制技艺，18岁就完全掌握了新会陈皮的鉴别、分级、晒制等技艺，传承祖传独创储藏陈皮之法。

陈柏忠家族祖辈都是果农，从曾祖父开始，家里就以经营新会陈皮为主，四代传承。

陈柏忠回忆，小时候家里等同于陈皮仓库，他从小就闻着陈皮香长大，陈皮对他来说就像亲人一样。“新会人都有一个心愿，就是将家乡的风物特产发扬光大。陈家四代人都做陈皮，我不想放弃陈皮事业。”陈柏忠说。

1999年，陈柏忠大学毕业，决定进入央企积累经验。“祖辈传承陈皮技艺多依靠口述和操作，欠缺理论知识。大学毕业后没有马上进入陈皮行业，是因为我想在其他行业里锻炼自己，学习大企业的发展理念。”陈柏忠说。

陈柏忠在新宝堂整理陈皮　李宝贤　摄

5年后，陈柏忠毅然辞职，回家跟随父亲学习经营新会陈皮，并立志将祖辈“新宝堂”字号发扬光大。然而，他的生意之路并不平坦。

由于当时陈柏忠一家的陈皮业务以批发为主，主要通过低价收购再卖出的模式来赚取差价，陈皮作为低级农产品，质量再好也卖不上价。年少气盛的陈柏忠决心拓宽陈皮未来的出路。

生活却向陈柏忠开了个大玩笑。有一次，陈柏忠发现收购回来的陈皮被人“做了手脚”，货中掺杂了很多外地陈皮，这些陈皮卖不出去，只能扔掉，这让他亏了30万元，在当时，这不是小数目。虽然经历如此大的打击，但陈柏忠依然坚持下来，向父亲再次深度学习、钻研新会陈皮制作技艺、储存工艺、质量鉴别技艺以及陈皮批发业务跟进及业务开发等。

3年后，陈柏忠发现陈皮传统的经营模式已经没有发展空间，便尝试转换经营方式，将批发为主转成零售为主，并涉足电商领域。

2008年，陈柏忠正式成立新宝堂陈皮有限公司，注册“新宝堂”为自有品牌，开设专卖店，成为新会本土首个实行品牌连锁经营模式的特产企业。将现代化的连锁经营模式运用于传统的陈皮产业，在当时是一种创新之举，新宝堂在陈皮行业中走了一条差异化经营道路。

2012年，陈柏忠作为新会陈皮代表人物在《舌尖上的中国》中介绍新会陈皮，由此受到网友关注。同年，陈柏忠被广东省文化和旅游厅确认为广东省非物质文化遗产“新会陈皮制作技艺”传承人。新宝堂这个老字号也被更多人熟知。

2021年，新会陈皮炮制技艺以中药炮制技艺名义入选国家级传统医药类非物质文化遗产代表性项目名录，对此，陈柏忠认为是对于新会陈皮的“正名”，对提升新会陈皮产业价值，规范、保护新会陈皮产业的健康可持续发展具有重要意义。

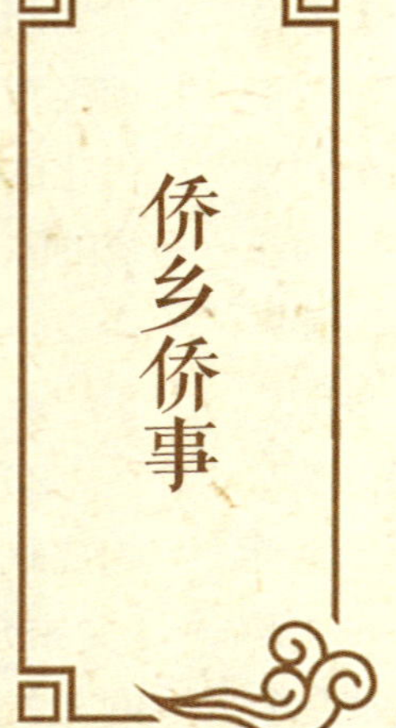

侨乡侨事

《新宁杂志》 麦博恒 摄

《新宁杂志》的停刊、复刊之路

麦博恒

创办于1909年2月5日的台山《新宁杂志》，是我国第一份侨刊，以赠阅形式发行至42个国家和地区，并于1989年选送意大利参加中国期刊展览，在国家、省历次侨刊评比中均获一等奖。

100多年来，《新宁杂志》走过了艰难曲折的道路，曾经历过四次停刊和复刊。

第一次是1942年。1941年9月20日，日本侵略军攻占台城以后，《新宁杂志》迁往香港印刷发行。不到半年，日本侵略军占领了香港，《新宁杂志》停刊。抗日战争胜利后，1946年10月15日，《新宁杂志》在香港复刊。

第二次是1948年3月。因编辑梅郇（梅健行）辞职、经理退休等原因而停刊。1949年1月在台城复刊，梅郇复任编辑。

第三次是1949年9月，因政权易手而停刊。1957年3月第三次复刊，梅郇任总编辑。

第四次是1966年因"文化大革命"而停刊，时间长达12年，是停刊时间最长的一次。

1978年11月，《新宁杂志》复刊号在香港出版，成为"文化大革命"后国家侨务部门批准复刊的全国第一份民办侨刊，刊名由曾任广东省副省长、中山大学校长李嘉人（台山市水步镇密冲村人）题写，并一直沿用至今。它以力求公正、准确、翔实为办刊方针，报道家乡消息，阐述侨务政策，表彰乡亲功德，记叙侨乡人物，描绘新宁（台山旧称）风貌，追溯台山历史。它遵循"报道乡情侨情，沟通海内海外，联系乡心侨心，服务侨胞侨眷，增进亲情乡谊，促进侨乡建设”的办刊宗旨，发挥沟通海内外的重要作用，深受海内外乡亲的好评，每期印数从最初的4000多册扩大到9000多册，向世界40多个国家和地区的乡亲寄赠。

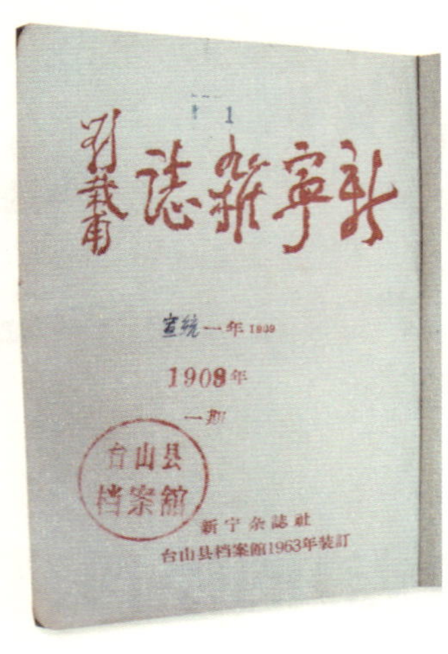

《新宁杂志》创刊号
麦博恒　翻拍

第四次复刊后的《新宁杂志》，与时俱进，做到高起点、高质量、高效应，先后开设20多个栏目，内容比过去更加丰富、充实，印刷更加精美，时代气息和侨乡地方特色更加浓烈，被誉为“三台之声，联谊之桥，集体家书，游子良友，侨乡窗口，投资指南”。该刊多次在全国、全省的侨刊乡讯工作会议上向同行作经验介绍，如1993在全省第三次侨刊乡讯评比会议上，就“做好‘五个加强’，增强宣传效果”作了经验介绍，备受赞扬。

《新宁杂志》复刊号
麦博恒　翻拍

《新宁杂志》办刊经费主要来自海内外社团、乡亲的捐款，该刊复刊后，政府也支持一部分资金。在海外乡亲的倡议及支持下，1989年10月率先在全国侨刊中成立了《新宁杂志》基金会，现有基金80万元，其中，香港乡亲刘炳光、甄兰爱伉俪捐给《新宁杂志》基金会5万元。从2006年起，刘炳光、甄兰爱伉俪每年捐资10万元给该刊作办刊经费。

2009年11月8日上午，《新宁杂志》创刊100周年纪念大会暨第三届“台山市侨刊乡讯梅健行奖”颁奖大会、《百年侨刊——新宁杂志历史文化论》首发式在台山碧桂园国际会议厅隆重举行。香港乡亲、实业家、慈善家李伯荣向《新宁杂志》社捐资44.6万港元，此外，刘炳光、甄兰爱伉俪也捐助10万元，他们为促进《新宁杂志》的发展、繁荣侨乡文化的拳拳赤子心，赢得了家乡人民的高度赞扬！

加拿大温哥华冈州总会馆

温哥华冈州总会馆简记

陈锦堂

温哥华又名云高华，简称云埠，位于北美洲加拿大卑诗省，西面濒临太平洋，南面与美国接壤，是加拿大西岸第一大都市，也是全加拿大第三大都市。由于有暖流交汇，它也是加拿大气候最温和的地区，风景美丽宜人。

每年到温哥华探亲或考旅游，笔者空闲时间都喜欢往立于市中心的华埠历史街区——唐人街走一走，也先后多次到坐落于街内的多个华人社团会馆拜访。

温哥华冈州总会馆(别称新会同乡会)则是本人每次到唐人街时必去的地方,那怕是坐一会儿,或跟某个老华侨见见面,都成了我的习惯。因为在会馆里所接触的人都是同声同气的新会籍同胞,在这里会亲身感受到异国他乡那种亲情、乡情和友情的凝聚力,以及他们爱国爱乡的传统美德和情怀。

通过了解和收集该馆一些历史资料,现摘录成文,与读者们一起回溯这个至今有近百年历史的会馆往事。

创立于1925年

过去,冈州是新会、鹤山地区的合称,曾有很多人以为冈州单指新会,这是个误解。根据史料记载:冈州在新石器时代已有过百粤人及高凉人居住。已发掘出土的古墓经考古家鉴定证实,在秦始皇朝代已开始立江门、新会为南海郡。东汉时,因汉人自中原南迁,把汉族文化及生活习俗带到南方,原住民开始融入汉人社会。

新会,隋朝初称"允州",因出产金铜(后来称钨矿)作贡品,朝贡予隋文帝而御封为"冈州",到了五代又废州为县。西晋武帝由南海郡分割出一个新会郡,到了明朝再改为冈州,包括新会、江门,还有阳江、阳春,合称"古冈州",后来又把阳江、阳春分出。

在清朝雍正十年,因山贼盘踞在鹤山上,影响附近地区治安,朝廷把新会与开平拨出部分土地,以鹤山命名为"鹤山县",正式把新会、鹤山、江门列入冈州直管。

明代航海事业发达,冈州人开始乘火船出海,当时,南洋、澳洲甚至美洲都有冈州人。而最早的冈州会馆设在美国三藩市(旧金山),继而有新加坡、加拿大和澳洲等。

加拿大冈州会馆最早在维多利亚市成立,后来西北大铁路由东边横贯加拿大到西边的温哥华市,温哥华成了商贸港口,华人也纷纷移居到温哥华生活。

温哥华冈州总会馆创立于1925年,至今有近百年历史。会馆建立初期,是由一群热心的新会籍乡亲筹划组成福庆堂,专门负责做会员的慈善、福利工作。后来,新会沙堆侨彦曾云峰联络

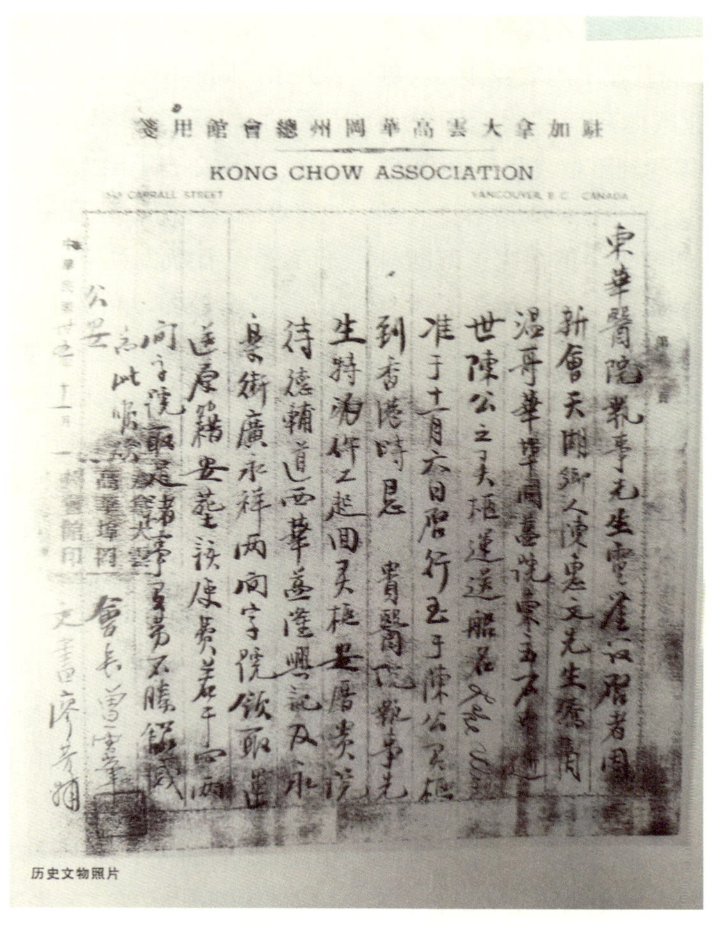

駐加拿大雲高華岡州總會館用箋

KONG CHOW ASSOCIATION

CARRALL STREET　　VANCOUVER, B.C. CANADA

历史文物照片

现存于中华会馆的文物史料复印件

原维多利亚一些冈州会馆的理事，组成温哥华冈州总会馆，所需的筹组经费，全由新会乡亲捐赠。目的是为新会、鹤山两地的乡亲提供聚会的场所，让他们能够有更多的机会互相联络和沟通，在碰到困难的时候能够互相帮助。

冈州邑人的“家”

冈州邑人当年把总会馆视为自己的家，因为在这些受淘金热潮吸引、被雇修建加拿大太平洋铁路而背井离乡、远渡重洋来谋生的早期华工中，有的是单身未婚青年，有家庭者其家眷绝大多数仍然居留在国内家乡，因此，每逢失业或休息日都会返回总会馆，如果遇到困难或发生纠纷，都要求总会馆出面协助调解。一旦身故，便要求会馆福庆堂帮助料理身后事，甚至安排运送遗体返家乡埋葬等事宜。笔者在会馆见到一份70多年前冈州总会馆与香港东华义庄合作，专门处理由温哥华运送侨胞遗体返中国大陆，安排安葬的善后工作协议原件。

温哥华冈州总会馆原址在唐人街的卡路街529号，是自置物业，1959年被一场大火烧毁。1960年购买喜士定东街一座两层楼房作会馆。2009年将该物业出售，后重新购买位于东街楼宇作为新会馆，并在2010年4月中旬举行总会馆成立85周年暨新厦落成典礼，当时，江门市委、市政府有关领导率领代表团亲临温哥华，代表侨乡人民祝贺冈州总会馆成立85周年志庆。

冈州总会馆从创办至今，一直奉行倡议发展实业、教育和慈善公益，以谋同人之福利及加强团结之宗旨。在各届理事会的带领下，会馆同人经常与加拿大各埠华人会馆、同乡会及其他社团组织和乡亲保持联系，建立良好关系。同时也经常举办各种文娱活动，如元旦、农历春节联欢晚会、会馆成立周年纪念庆典、访问安老院、拜祭先侨墓园以及中秋节、圣诞节等活动。

会馆在推动侨务工作发展方面也做了大量的工作，他们经常组织寻根访祖活动和接待祖国各地以及江门五邑地区党政部门来温哥华的访问团，关心和支持家乡建设。2017年11月冈州总会馆组织全体理事回到江门，参加了第三届世界广府人恳亲大会暨2017年中国侨都（江门）华人嘉年华活动，为促进侨社健康和谐发展，以及中加友好作出了贡献，得到广泛的赞誉。

随着时光的流逝，侨胞们已将侨居国视为“第二家乡”。每次走出冈州总会馆大楼，站在唐人街的马路旁，我都有这样的感触：虽然老一辈的侨胞已经是“日久他乡是故乡”，但他们依然保留那种欢聚乡谊、互道乡音的习俗，正是这种传统，将大家维系在一起，在精神家园中分享着取之不尽的甘泉。冈州总会馆这座大厦里保存着数不尽的早期华人故事，将会代代相传，永不消逝。

鹤山“巡城马”

何翔

民国初年到20世纪三四十年代，交通闭塞、邮件难通，信函、钱物全靠人手捎带，此种类似邮差的职业叫“巡城马”（满城跑的意思）。其时，鹤山乃至珠三角各地来往穗港澳及东南亚，主要搭轮船、走水路，故操此业者又称水客。鹤山毗连穗港澳，数以十万计鹤山人在那里创业、定居，“巡城马”就成了连接旅外乡亲的纽带。

鹤山的古劳、沙坪等地，差不多每个村都有“巡城马”，这个行业极具挑战性，充满甜酸苦辣，个中滋味，只有其本人才能领略到。

冯贵长

挑火水罐走街串巷送物品

据鹤山市古劳镇连城村冯贵长先生忆述，其生于1879年的祖父冯贵长，民国初期在鹤山——广州的轮渡上当水手，由于他为人忠诚老实，吃苦耐劳，且熟悉乡情和熟知在广州经商、定居的邑人情况，30岁就被乡亲推举为连接穗港澳的“巡城马”。

每次冯贵长从家乡为村民捎带家书和各类土特产，是拎着大包小包，从沙坪大基头坐轮渡到广州西濠口码头(抗战前后,来往广州、鹤山的有启记渡、同益渡)的。上岸后,他肩挑满载物品的竹篮或火水罐(火水即煤油,盛载煤油的方形薄铁容器叫火水罐。煤油用完后,人们把罐子洗净用来装东西,加盖后可放信函、食品、衣物而不怕风吹雨打),把物品、书信送到乡亲手里。

当年,鹤山人大多聚集在广州光复路、一德路、黄沙一带,经营印刷、生果、杂货,以打工居多。冯贵长把从家乡带的东西送到指定人手中后,又从他们那里带回钱、粮、日用品回家乡给各户的妻儿老少,并履行签收手续,收取一定的手续费。从广州带回鹤山的物品,如果当事人没有居住在县城沙坪的,冯贵长就把信函、物件交到中心路的帜荣(金铺)、厚德祥(杂货店)这两间实力雄厚、信誉好的商号代理,通知本人到店领取。

据年近90岁高龄的退休干部胜叔介绍,抗战前后,他有个做"巡城马"的堂叔,每月走几趟穗港澳,为乡亲捎带物品、信件,甚至帮不识字的乡人带口信。从省城带回的多是衣服、咸鱼、梳打饼等,每逢中秋节,则常会带盒莲香楼月饼;回广州时则带些菜干、酸菜、薯芋之类的土特产。带书信一般不用信封,将其折叠成三角形或仙鹤形交给事主,为的是与邮寄有区别。

从省城捎带物品返乡后,有的"巡城马"会口吹"银鸡"(哨子),走街串巷送邮品,乡亲听到哨子声,就会喜盈盈出来迎接,后来怕太过张扬,此种做法不久便废止了。"巡城马"一般不计报酬,任由乡亲给多少算多少。他们凭着一双铁脚板,不论风吹雨打、严寒酷暑,每月来往鹤、穗各地,脚板起泡、食无时候、睡无定所是常有的事,因而,"铁脚、马眼、神仙肚",是当年干"巡城马"这一行的人的真实写照。

据说,能当上"巡城马"的人绝对是忠诚老实者,而且家中定有妻儿老小,故那时极少发生无良"巡城马"携款私逃的事。另外,捎带钱币以少量为主,大额的一般会通过汇兑来处理。

大中华轮连接海外乡亲

鹤山是侨乡,旅居东南亚、美加的乡亲甚多,有的水客("巡城马")专做长线,漂洋过海为乡亲捎带钱物。

其时,在安南(越南)经营米业起家的李石朋(古劳维敦人,著名爱国侨领),看好安南盛产稻米,就在堤岸(现在的胡志明市)开设米机,收购当地稻谷,加工大米运回香港销售。米厂拥有一艘运粮轮船,轮名"大中华",两个硕大烟囱,故又称孖烟囱。

“巡城马”走街串巷送邮品　何翔　翻拍于江门侨博馆

地。当年粤剧名伶如靓少佳、郎筠玉、朱少秋、梁荫棠等老倌，都乘坐过大中华轮来往香港、堤岸以至东南亚各地演出。

从堤岸到广州的海路，快则四五天，慢则要7天7夜。如果走陆路，经广西过镇南关（现为友谊关）回国，花的时间更长、更崎岖，故那时的归国华侨一般选择乘李石朋的大中华轮。经七洲洋（指南中国海）的海路很由折，当年就有“要转九十九个湾，边度有钱返唐山”（祖国叫唐山、侨胞称唐人）的民谣，显示出当年海外侨胞想回乡的艰辛。

粮船来往广州、香港、堤岸，三地均设有办事处（联络站），堤岸联络站设在巴厘街南兴旅馆，香港联络站在干诺道中中兴旅店，广州联络站在长堤广泰来客栈。大中华轮设有客舱、餐楼，华侨及水客一般会搭乘大中华回国，而水客则携带邮品上船来往各

大中华轮抵香港鲤鱼门码头后，

不能进入内港，香港联络站中兴旅店即派电船接人到广州，再转乘轮渡返鹤山沙坪。水客走一趟远洋很不容易，海上航行风险大，饱受海浪颠簸之苦，上岸后还要手提肩挑送东西，难怪当年流传有女不嫁“巡城马”的说法。

水客不仅带钱物还带小孩

尽管做水客十分艰苦，但操此业者大有人在，而且业务范围越来越广，不仅带钱、带物、带包裹，还帮乡亲带小孩，不仅走水路、陆路，还走空中航线，可谓海陆空并进。有的侨胞把孩子“寄”回乡下亲人抚养，或由乡下“寄”到外埠养育，就托水客代劳。不过，年龄仅限于七八岁以上的幼童，婴幼儿是不受理的。

上船后，毕竟有六七天旅程，水客得像父母般照顾孩子的起居、饮食。孩子生病，更是麻烦多多，好在常用药品不离身，一般能应付自如。抵埗后，水客收取的报酬当然比带物件丰厚得多。有人担心孩子的安危，其实水客是绝对信得过的，极少发生拐带小孩事件。据说，带孩子的业务一延直续到中华人民共和国成立初期。

干了多年水客的古劳江头人温姑妹，信誉好，虽为女子但健硕如男子汉，经验丰富，深得乡亲信赖，她来往安南堤岸、香港、广州的水路，有时还乘搭飞机带信、带物。1949年春，在堤岸经商的古劳人吕发，委托温姑妹把他的幼子送回家乡古劳镇连城村的亲人抚养。为节省时间，温姑妹从堤岸乘机飞香港，再走陆路到广州，转水路返沙坪。沿途她悉心照料孩子，抵沙坪后先将孩子送到亲人手中，然后才将捎带的物品送至各家各户，乡亲们对温姑妹的恪尽职守深表赞许。

1946年春节，在广州光复路经营印刷业的古劳镇上坑村民侯某，委托人称爱姑的水客李爱，带其10岁儿子来广州团聚。早上从鹤山坐轮船，在船上，爱姑寸步不离盯住孩子，不让他站在船边，以免跌落水中。傍晚，船抵广州天字码头，上岸后爱姑拉着孩子的手，沿着长堤转入太平路（现人民路），直送到上下九的光复路目的地，亲手将孩子送到其父手中。侯某紧抱儿子，并厚厚递上一封利是（红包）给爱姑。

中华人民共和国成立后，随着交通邮政逐渐发达，水客淡出市场，昔日的“铁脚、马眼、神仙肚”成了历史名词。据悉，目前仍健在的老“巡城马”、老水客已寥若晨星。

新会史上第一位归侨黄敬斋考

黄柏军

新会历史上第一位归侨到底是谁？1995年出版的新编《新会县志》有这样的记载:(新会县)因为战争而造成流离失所的难民,为了逃生,有的逃往海外。如清朝康熙年间,清政府为了切断内陆人民与郑成功的联系,颁布了“禁海”“迁界”命令,造成本县沿海地区大批农民流离失所。据那伏村的《高氏族谱》记载:那伏人高竹,字嘉淇,号广瞻。因康熙初年,本邑迁海界事,流亡到泰国,与葡萄牙人同居,学习西医十余年,得葡人伊氏、叶氏、余氏传天主教法,遂偕伊氏等回国,于康熙三十三年(1694年),在邑城金紫街开地利削教会。他是本县见于文字记载最早出国和归国的华侨。[1]

新会民间出洋历史悠久

虽然新会县第一个有文字记载的华侨和归侨出现在清朝康熙年间,但是新会民间出洋历史可以上溯到唐宋时代。新会是广东省乃至全国著名的侨乡,由于新会地处广东西南边陲,濒临南海,扬帆出海极其便利,故此新会自古以来就是海上丝绸之路的重要节点。关于新会人最早的出洋,主要是因为对外贸易、经商居留。至今位于新会古井镇的官冲碗窑遗址,就是新会人与外洋发生联系的最好见证。根据考古学家考证,此处文物遗址“上限到唐,下限到宋”。从新会所出产的陶瓷,经崖门出洋,再通过一条遥远的海上丝绸之路远销海外。因此,我们有理由相信,早在千年前,新会县这些从事对外贸易,远涉重洋的人,就是祖籍新会的华侨出国的先驱。[2]

因而,本文开头所说的西医高竹是新会县见于文字记载最早出国和归国的华侨,与新会悠长的华侨历史似乎不符合。华侨历史很长,有文字记载者太短,令人扼腕叹惜。如果第一位归侨就这样被定格于康熙年间的话,新会归侨历史等于被压缩到300余年,这样的“定论”恐怕是站不住脚的。

如果高竹不是新会县第一位归侨,那么谁是这个第一？新会县的华侨与归侨史应该怎么书写？

令人欣喜的是，随着华侨史料的不断发现和披露，笔者发现，过去认为康熙年间的西医高竹是新会县见于文字记载最早出国和归国的华侨，这一说法已被新发现的史料推翻，应该予以纠正。

新发现的材料显示：新会县早在700多年前的南宋年间，新会人、进士黄敬斋奉朝廷之命出使外国，回国途中遇到飓风，导致滞留国外十多年，后来回国，定居广东香山县（今中山市）。《中山市华侨志》认为：黄敬斋应该是有文字记载的最早的香山华侨。[3]笔者的看法是，黄敬斋久居海外，回国后选择定居香山县长洲村，成为当地黄姓的立村始祖，说他是香山最早的华侨与归侨，当然有其依据；同样，黄敬斋是广东新会人，他的根在新会，他的亲人、祖居在新会，说他是新会县历史上有文字记载的出洋华侨、归侨第一人，同样有充分的理由和依据。

黄敬斋其人其事

黄敬斋其人其事的发现，主要源于中山市民间保存的黄氏家谱《江夏郡致中堂家谱》里面的一段记载："（黄敬斋）遇飓风……舟楫不达中原者数十载，公进退维谷，因遍历诸国，险阻备尝。幸有香山平岚林姓，携家避乱外国。公依之，以女妻，生一子，名祐。"[4]

《江夏郡致中堂家谱》里的这段文字，说的是黄敬斋在海外的传奇经历：黄敬斋完成出使任务之后，在回国途中，遇到飓风，偏离了航向，流落在东南亚地区其他小国家。因为这样的原因，造成黄敬斋数十年滞留海外，没有踏足中原，成为在东南亚定居和生活的华侨。数十年间，他到过东南亚地区很多国家，经历了很多艰难险阻。在这个过程中，他很幸运地遇到了香山县平岚村一户林姓人家，也因为躲避战乱流落到东南亚。黄敬斋和香山林姓人家交往密切，亲如一家，互相帮助。后来，林姓人家还把自己的女儿许配给黄敬斋，黄敬斋与林氏成亲后，生了一个儿子，名叫黄祐。

然而，黄敬斋是新会人，后来有机会重新回国定居，但为什么不回原籍新会县居住而是定居香山县？香山黄姓和新会黄姓有着怎样的血脉联系？

据中山市黄敬斋后裔考证，黄敬斋是中山市长洲村黄姓族人的立村始祖，备受敬仰。近年来，为黄敬斋始祖修墓的倡议书在海内外长洲乡亲中引起热烈响应。倡议书认为，黄敬斋的坟墓在广东台山。由于敬斋公墓迄今已约700年，因年代久远，世代更迭，造成敬斋公坟茔年久失修，如今只留墓址。其族裔子孙遍布广东一带、港、澳等地区，乃至海外各地，可谓枝繁叶茂。然祖宗坟墓却如此破败不堪，令子孙后裔心忧。因此黄敬斋分布海内外的后裔认为：祖墓破败、有失孝道，于是众多热心人士提议重修敬斋公墓，以此光宗耀祖，福荫后人。为此，专门成立了维修黄敬斋公墓筹备领导小组，负责具体制定修葺方案与实施。黄敬斋公墓筹备领导小组整理撰写的《中山市长洲开村始祖黄敬斋公墓重修倡议书》，是一份详尽的文献材料，此文依据家谱、族谱材料，还原先祖黄敬斋的传奇人生，现摘录其中相关记载，以飨读者：

敬斋黄公，讳献，字文宪，是长洲的开村始祖、源深公和米氏太婆的第六传后裔。敬斋公生于南宋理宗端平元年（公元1234年），宝佑年间考中进士，被理宗皇帝加晋一品作为钦差大使，前往安南加封安南王之父陈日（暚），在回国途中遇到台风，海上漂流，流落异邦数载。由于当时政局不稳，敬斋公担心累及家人，在回国时途经香山，见县城西边的长洲环境宜人，决心在此隐居，不复仕途。在长洲蛰居了20余载，一直不敢回家乡杜阮，直到晚年见局势已定，才回杜阮老家。敬斋公卒于元仁宗皇庆元年（公元1312年），享年79岁，葬于台山潮境余村里佛坳，土名“出水莲花”山上（今台山白沙镇）。敬斋公生有两子，长子尧咨，原配杨氏所生，在杜阮家乡；次子名佑，于长洲续娶林氏所生，即长洲二世东山公。[5]

解开黄敬斋身上的若干谜团

《中山市长洲开村始祖黄敬斋公墓重修倡议书》一文中提到的黄敬斋生平资料，想必是黄敬斋的后裔通过家谱、族谱的比较整理撰写而成，考证严谨，佐证丰富，非常详尽，可信程度也很高。读过该文，相信可以解答我们先前在研究黄敬斋其人其事过程中产生的很多疑问了。

黄敬斋是新会哪里人？黄敬斋后裔认为，黄敬斋出国前是新会县杜阮村人，是杜阮黄姓始祖源深公和米氏太婆的第六传后裔。

黄敬斋当时出使什么国家？黄敬斋后裔认为他当时担任南宋王朝的钦差大臣，出使安南（今越南）。

黄敬斋结束外国侨居生活回国，他为什么不回去家乡新会而选择香山定居？黄敬斋后裔认为由于当时政局不稳，敬斋公担心累及家人，在回国时途经香山，见县城西边的长洲环境宜人，决心在此隐居，不复仕途。在长洲蛰居了20余载，一直不敢回家乡新会杜阮。

黄敬斋回国后有没有回过家乡新会杜阮？黄敬斋后裔认为，黄敬斋回国后不但回过杜阮家乡，而且晚年重新回到新会杜阮定居直到终老，去世后葬于台山。

华侨者，长期侨居外国的中国人也，因为飓风阻隔，南宋出使安南的钦差大臣黄敬斋无法回国交差，滞留海外，浪迹东南亚诸国，长期侨居、生活于外国，所以黄敬斋是如假包换、名副其实的中国早期华侨先辈。归侨者，曾经长期侨居外国后来又重新返回祖国定居的中国人也，黄敬斋在东南亚诸国生活十多年后，最后还是叶落归根，回到祖国生活，先后在香山长洲村和新会杜阮村定居、生活，最后更是在新会杜阮辞世，实现了古人“魂兮归来”的美好愿望，黄敬斋当然也是一位如假包换、名副其实的中国早期归侨先辈。

行文至此，相信我们可以得出这样的结论：与康熙年间高竹比较，南宋进士黄敬斋才是新会县见于文字记载最早出国和归国的华侨。由此，新会县有名有姓的出国华侨与归国华侨的史料记载可以追溯至700多年前的南宋时期。

新会黄姓与中山长洲黄姓

值得注意的是，无论是新会黄姓还是中山长洲黄姓，都是同出一脉、情同手足，江夏堂黄姓在当地是颇有声望、历史悠久的古邑大姓、名门望族。

关于新会黄姓，《新会县志》有这样的记载：黄姓是中国第七大姓，全世界约有6000万人，中国约有2300万人，其中广东是黄姓族人最多的省份，占全国黄姓人口总数约19%，在古代广州，黄姓更是人口最多的姓氏，这从广州分布的近100座黄姓祠堂也可以看出来。而珠三角地区黄姓族人则以福建莆田人黄居正为始祖，他的长子黄源深在宋淳熙八年（1181年）考中进士，在南宋末年带领族人从南雄珠玑巷南迁到广州北郊的神山镇，继而开枝散叶成为岭南巨族。新会县黄姓，截至1985年的统计数字，全县已有65967人。新会黄姓始祖中原人，入粤始祖黄居正，先居福建庆化府莆田县，宋朝淳熙二年（1175年）考中进士，担任吏部侍郎、天章阁侍制学士。后任广南漕运使，知英州府事，随任徙居广东南雄珠玑巷。及其子广汉，宋宁宗初年（1195—1205年）进士，官至知府都漕运使，后避战乱，由南雄珠玑巷迁居新会杜阮，再由杜阮分支黄涌等地。至1985年，分布全县20个区和会城镇，聚居1000人以上的乡村有：三江区的深吕；牛湾区的牛湾；双水区的龙头；古井区的古泗、洲朗、奇乐、古井；崖西区的坑背、黄冲、龙旺、圩镇；杜阮区的杜阮、龙榜、松园；大泽区的张村。[6]

关于中山市长洲村的黄姓：中山市长洲村早在南宋景定三年（1262年）建村，至今700多年历史。[7]开村300多年后，黄姓子孙为了纪念开村始祖黄敬斋及早期祖先而修建的黄氏大宗祠，距今已有400多年的历史。长洲黄氏，在中山素称名门。无论是长洲黄氏的开村鼻祖黄敬斋带来的"黄氏分家诗"，还是"隆师道，端士品"的黄氏家训，700余年来，开拓创新、勤学重教、安居乐业的祖训，影响着长洲黄氏一代代的人。根据长洲村村志记载，明清时期长洲黄姓共有5位进士（其中3位是武进士）、12位举人（其中4位是武举人）。近现代，又涌现出"菊花状元"黄绍昌、著名报人黄冷观、航天专家黄焕章、数学家黄垣章、书法家黄苗子等几十名专家学者。长洲黄氏一代代人传承的家风文化、书写的不平凡的历史，在中山发展历程中举足轻重，产生了深远的影响。据介绍，目前在西区的长洲黄氏后人约5000人；旦年离开中山开拓事业的黄氏后人，如今开枝散叶，据不完全统计，超过10000人。他们主要分布在我国香港、澳门特区，以及美国、拉美国家、东南亚、澳大利亚等地。这些人有商界精英，也有科学家和文化名人。

参考文献：

1.《华侨、港澳同胞事务》，载新会县地方志编纂委员会编：《新会县志》，广东人民出版社1995年版。

2.同上。

3.《概述》，载中山市外事侨务局、中山市港澳事务局合编：《中山市华侨志》，广东人民出版社2013年版。

4.中山市档案馆藏黄氏家谱《江夏郡致中堂家谱》复印本。

5.中山市长洲村黄敬斋公墓筹备领导小组整理撰写：《中山市长洲开村始祖黄敬斋公墓重修倡议书》。

6.《第六篇：社会》，载新会县地方志编纂委员会编：《新会县志》，广东人民出版社1995年版。

7.隋胜伟、黄凡：《中山名门长洲黄氏，世代读书》，载《中山商报》，2015年6月12日。

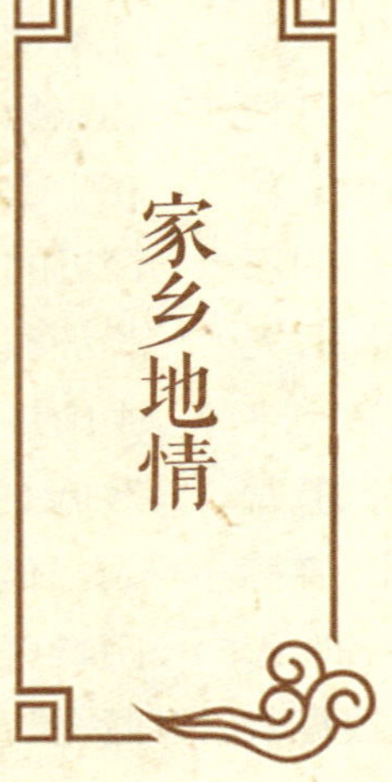
家乡地情

百年名校紫茶小学

何耀权

江门百年名校紫茶小学有很多历史鲜为人知。

江门市紫茶小学曾改名为江门市第五小学、江门市紫茶路小学、江门市第四中学附属小学、江门市革命小学，1980年正式定名为紫茶小学。

紫茶小学前身是缅香小学，创立于1905年，原址在紫茶路黄家祠。学校正门内左右曾有一对高高的石狮子，校园内有几棵大木棉树。春天时，鲜红的木棉花灿烂盛开，学生们在校园草地上玩耍。

1951年，江门将旧小学统一起来，重新命名，缅香小学改为江门市第五小学，校长是黄兆纪。第二任校长是刘泉，第三任校长是赵华杰。

1953年，江门一小(前身是景贤书院，校址在书院巷道，建校于1760年，是清代宦官办的贵族学校)因校舍属危楼，遂与江门五小合并，所有教学设备及师生员工并入五小。校长赵华杰、副校长赵锦泉(原一小校长)，校址在紫茶路，1955年改为紫茶路小学。可以讲，紫茶路小学的基因血脉，有1/3来自景贤书院。笔者当年就读江门一小三年级，跟全校师生一齐转入五小。

1955年，滘头小学五年级30多人因人数不足一个班，便直接合并进紫茶路小学。由此，当年的紫茶路小学包括一小及滘头小学的学生。昔日，蓬江河没有桥，这班滘头的学生每天往返学校都要坐横水渡船。

1956年江门仅有一中、二中、三中共三间中学。为适应教育事业发展，增设了四中，校址就设在紫茶路小学东面靠近常安路的桃园内。

四中的教学大楼仅是一座二层大楼，每层有三间课室。校园面积不大，但桃树、竹丛、草木较多，清静幽雅，可惜没有操场。四中的西面与紫茶路小学连接，由紫茶路小学出入四中；东边与常安路横巷接通，但东门关闭，不得进出。

当年的紫茶路小学校区很大，正门在紫茶路，后门在象溪路，西边是一个大操场，靠胜利路，东面经四中桃园可通至常安路。

因四中紧靠紫茶路小学，市教育局把紫茶路小学改名为江门市第四中学附属小学。

当年笔者毕业于紫茶路小学，学校规定，所有学生一定要报考四中。因此，紫茶路小学毕业的学生，可直接入读四中。

四中第一届仅有2个班，大部分都是原紫茶路小学的学生，共110多人，只有4个教师。一个教师兼上几门课程，没有校长，只设教导主任。体育课要到紫茶路小学操场上上课。

翌年，四中搬到白沙何家祠堂，四中附小也撤销了，改回紫茶路小学。因而四中附小的毕业生，仅得1957年一届。可以说，四中附小仅一年时间便被湮没在历史之中。如今，四中的紫茶桃园校址已拆，没有留下任何照片史料。仅有个别学生仍保存有当年珍贵的盖有江门市第四中学附属小学印章的学生手册及毕业证。

“文化大革命”期间，紫茶路小学改名为革命小学。改革开放后又改回紫茶小学。

发展过程中，虽历经无数风雨，紫茶人始终破浪前行，最终以破旧立新的优胜者姿态走到了今天。学校开办至1998年上半年，校址位于紫茶路，1998年下半年乔迁建设路办学（南校区），2003年下半年景贤学校小学部与紫茶小学合并，紫茶路校舍又回归学校。2010年下半年撤销紫茶路校址，同年7月紫茶小学与中山小学整合，增加原中山小学校区。2011年9月丰雅路的北校区落成。2019年，中山小学校区取消。近两年，位于北新区的天福校区和滨江校区相继落成，自此，紫茶小学以“一套班子、多个校区、统一管理”的运作方式，管理南校区、北校区、天福校区和滨江校区共四个校区，现有教学班132个，学生6000多人。

从一所小型学塾，到如今蜚声省、市，拥有首批“全国文明校园”“广东省第一批基础教育党建示范校”“全国优秀少先队集体（大队）”“中国少年科学院科普教育示范基地”“广东省优质基础教育集团培育对象”等150多项重要荣誉，以及四个校区的顶尖品牌名校，一代又一代紫茶人接续奋斗，交出了一份又一份亮眼的成绩单。

水街农贸市场的前世今生

何耀权

江门街历史上有记载的繁华农贸市场有墟顶集市、北极殿市场、帅府庙市场以及水街农贸市场。而能够保存至今的仅有水街农贸市场。

水街农贸市场是由新椰路、榄豉路构成的“人”字形街市。有三个入口，分别为：北边的太平路、东边的塘步路、西边的钓台路。

水街农贸市场的特色是骑楼马路农贸市场，农贸摊位摆设在骑楼街边，马路中间是顾客通道。该市场原先是露天的，可望见两边那百年骑楼建筑的上层景致。中午，阳光穿过建筑物的雨篷照射到市场的马路上，给人明亮、舒适、自然的感觉。遇到下雨天，人们也可在雨篷下买菜。

而今，水街农贸市场升级改造，街道两边的雨篷拆去，加盖了蓝色盖顶，摊位整齐清洁。当然，原先的马路市场骑楼元素特色也就消失了，古老式集市已经变成现代室内农贸市场。

据老一辈回忆以及清代1840年江门地图和民国时期资料记载，清代江门街曾有两个大市场，一个在启明南芬里帅府庙旁，称为帅府庙市场；另一个在镇东路钓台路交界处北极殿旁，称为北极殿市场，北极殿在清代1781年已建成。两个市场在民国初江门镇拆旧街、建新路时被拆。1925年，江门撤镇建市，江门市政厅曾制定民国十八年至民国三十年市政建设计划大纲，要重建这两个市场，后来因故并未实现。现在的水街农贸市场地址是否就是以前的北极殿市场位置，不得而知。但在笔者的记忆中，水街农贸市场很早就已存在，并一直都十分热闹兴旺。

20世纪40年代后期，笔者家住新市路，平时都是到水街农贸市场买菜。那时候，笔者常拿着瓶子到水街市场买豉油，二分钱一勺，差不多就能装满整个豉油瓶。

现在的榄豉路原是经营榄豉、豆

豉、腐乳、南乳、酱油等调味食品的商铺；镇东路商铺则是售卖冲菜、大头菜等咸菜食品，称为“冲菜街”。人们习惯在这里买咸味料，价廉物美，可以买散装的，用小纸袋包着，一二分钱都能交易。水南乡离这里最近，农民常挑些农产品到这里摆卖。钓台路口原有个横水渡码头，河南滘头乡农民也喜欢挑些果菜到这里摆卖，坐船过渡仅需一分钱。后来，镇东路与新椰路交界处、新椰路、榄豉路慢慢形成为农贸市场，镇东路的农副产品也搬入水街市场摆卖。紫莱、白沙甚至麻园、礼乐等地的农民都挑着或用小艇载着农副产品到这里摆卖。水街农贸市场遂成为江门最大的农贸市场。

以前，江门居民喝的都是江门河水，钓台路口是内街居民挑水必经之路，故这段路口的地上常年都是湿湿的，而街市摆摊洗菜、洗肉、洗鱼，也要用水，故街市地面长年也是湿的，因此人们习惯称为“水街”。“水”在粤语中有财富、钱银的意思，如“磅水”“扑水”“薪水”等。江门街还有一条路，路面也是经常湿湿的，就是常安路，人们称为“常湿路”，同样是因为内街商铺及住宅居民喝用河水，要经常安路到江门河挑水，将路面弄湿了。

水街农贸市场的东西，历来都是价格便宜、品种较多的，其他市场买不到的山货、中药材、药用野生植物等，这里都有可能找到。早上，附近乡村农民挑到这儿卖的蔬菜都是刚摘的，新鲜甜嫩，因此，深受居民的喜爱。即使现在有很多原居民搬到新城区居住，也还常常坐车回到这里买菜。究其原因，除了这里菜多、价格便宜，还有一个原因，就是这里有着他们难以忘怀的记忆。

水街农贸市场靠近钓台路口处原有个“江门茶室”，从水街市场直通至长堤，正门设在长堤，后门在水街市场，楼高三层，都设有茶座，以前是江门人气最旺的茶楼之一。那时候，小贩、农夫清晨挑着或用船艇运载着瓜果、蔬菜等农副产品来到，未摆摊之前先到茶室喝杯茶、吃个包子，然后再“开档”。当地居民也常到这儿喝茶，想找个座位也不容易。小时候，笔者和父母亲常到这里喝早茶，吃虾饺、排骨、烧卖、叉烧包，一角几分钱一笼，真是别有风味……

近百年历史沧桑巨变，水街农贸市场也经历了多次升级换貌，地摊档位也扩展到旁边的上步路，比原先更热闹，其内涵与特色也因时代的变迁而改变，但至今仍保持着价廉物美、品种多的特色。

资料来源：笔者亲历与回忆，父母亲口述，民国报纸。

转香桥

古驿道——司前路段考

梁流文

《新会县志·卷四终》原文:“县西总铺起十里至潮现,又十二里至莲塘,又十四里至桥亭,又十里至草坪(注:‘草’误字,应为‘覃’。当地所称‘覃坪村’,现改名为‘和平村’),又十里至草蓢,又十里至开平水口铺,又十五里至梅冲铺,又三十里至新宁李凹铺。”

在明朝之前,开平、新宁、鹤山都归属新会县,这是有据可查的,故《新会县志》所记的西向驿道始于会城、终于新宁李凹铺,全长111里,即55.5公里。会城西去10里到潮现,又12里到莲塘,又14里到桥亭,又10里到覃坪,又10到草蓢(注:“草蓢”此名现不复存,按县志记载分析应为现田边村委会的草堂/江村),又10里到开平水口铺,又15里到梅冲铺,又30里到李凹铺。按中华人民共和国成立后的行政区域的划分来看,归属司前镇的路段应是由新建村和平小组(覃坪)至田边村龙溪渡口,道路总体是东西走向,至于谈雅(土名,即现雅山村委会关姓的村)至天等瓦岗天后庙约500米长的路和昆仑至田边约500米长的路是北南走向的,古驿道司前段全长约28里。

按今实地考察古驿道西北面(由会城西去的右面)所经或靠近的村庄有:新建村村委会的和平(覃坪)村、(左边)中和坊;白庙村村委会(右边)的两曜里、仓下坊、登乔里、余庆里,(左边)同安里、同庆里;司前村村委会(右边)的上河里、冲边、尚书里、升堂等村,(左边)龙洋、龙山村;小坪村村委会(右边)的坑口、祠院、沙坪村,(左边)巷口村;雅山村村委会(右边)的东边村起经过南和村、龙安村、沙田村;天等村村委会的瓦岗部分村、环溪、横篷村;昆仑村村委会(北南向左边)旧五坊、新五坊等村;田边村村委会文沙村,(东北向)左边的龙溪,右边的草堂村(草堂村已不存在),到潭江(土名,实是石步河下流接入潭江的河),过河(此河早前无桥,桥是有了新开公路而架设的,早前过此由石步流向潭江的河是摆渡的)即开平水口镇的泮村止。近道村庄有数十个、人口(按现户籍计)超2万人。

井水庙

古驿道途经墟场有白庙墟、庙前墟、司前墟、大王市(墟)、步头墟、基岗市(墟)、田边市(墟);及新会牛肚湾巡检署,共六墟一署,平均约2里一墟集,其人气和物流之旺可想而知。现在,虽由于道路改移,仍保留的有白庙墟(已移位)、司前墟(合并庙前墟)、大王市、田边市四个墟市。

古驿道沿途有古建筑:九源寺(又名上台寺,1962年毁)、白庙村仓耀小组的井水庙及庙前水井(政府备案为“不可移动文物”)、龙山庙(20世纪60年代初被毁)、天等天后宫(又叫瓦岗圣母庙，为“不可移动文物”）、慧龙寺（20世纪50年代末被毁）。九源寺和慧龙寺在“明志”里被列为新会四大名寺，井水庙庙小史远，据新会“明志”记有千多年历史，天等天后宫（瓦岗圣母庙）至今仍香火鼎盛，是新会颇有名气的宗教庙宇。

田边张公庙渡口

司前路段古驿道的桥梁有沙冲桥（已移位）、转香桥（仍架设着三块长约丈多，厚约一尺多的大青石，桥下仍有溪水长流）、猪乸桥（已加宽并用水泥封面）、遵名桥（已消失）、劏鸡桥（已换名为司前墟桥）、瓦岗桥等。

据司前镇65岁以上老人所经历及回忆，司前古驿道由现潭江渡至会城这段路都是用三块、每块宽约40厘米的花岗青石铺筑的。（注：初是泥沙路，至于在何时才铺设有待考究。相传为天等太平一善长仁翁梁某捐资铺设的，起初在各路口还设置“皮底”给行人穿着，后由于种种原因而消失作罢。路上的青石板在1960年仍存在大部分，后由于开设了新路才被沿途村民撬去另作他用，现天等的步头墟仍保留有约100米长的三块青石路。）

司前镇背枕圭峰西向山脉，山岭连绵，山秀而林茂；前拥潭江河畔平畴之沃野，河冲交错，水清鱼肥，土沃谷香。在古代，没有现在的汽车、火轮、飞机等的交通工具，一切物流及人员来往只凭木舟小船、担挑马驮，而司前却拥有众多河涌水道和连接新会西向的诸多乡镇的古驿道，具有水陆交通之便，故新会西去古驿道司前段在古驿道中虽只有28里之长，但其道旁村庄稠密、人口众多、墟场密集，寺庙多且名气大，是全古驿道里其他之路段无法相比拟的。其物产、人气、经济、文化、宗教等都是古驿道中（除县城外）的翘楚也是毋庸置疑的。

实地考察人员：新会区政府方志办和区档案局负责人、司前镇文化站负责人、古驿道沿线村委会部分长者、司前镇普查办人员。

天等步头墟步头

羊桥市往事

陈锦堂

提起沙仔尾羊桥市这个街道名称，相信居住在江门市主城区、尤其是上了年纪的市民，一定不会感到陌生。

江门市的老城区大部分发展源于元末明初年间，羊桥市（现羊桥路至东观里一段路）这个街名是什么年代确立的？笔者暂时无法查找到相关资料，只是查到最早标明有羊桥市这个名称的地图资料，是印在清朝道光1840年编的《新会县志》史册里。更早一些的地图资料也出现过印有“卖羊桥”这个名称。据史料记载，羊桥路与象溪路有座桥，清末民初羊桥路有卖羊集市，俗称“卖羊桥”，1927年拆除这座桥建成公路后，取名为羊桥路。

是西区的中心点

为何人们将羊桥路称呼为羊桥市呢？除该路段确实有个市场外，其实是人们将羊桥路附近一些旧里巷作为一个总称呼。这些里巷都是坐落在羊桥路的两旁，羊桥路（现五邑商业城至东观阜康里一段）不足一公里，路面宽度只有十米左右，是老城区旧式小马路，曾是羊肠小道，路两边有义隆路、汲芳里、紫云里、南京闸、仍洲里、龙田里、鹅溪里、竞新坊、东观里等一大片里巷，居住在上述路段的居民，在很早以前，已习惯将这些地方纳入为羊桥市的范围了。

过去，海外乡亲从国外寄信回来，信封都是写“寄中国广东省新会县江门镇（墟）沙仔尾羊桥市龙田里1号×××收”。笔者也在与许多侨居国外的老华侨交谈后得知，他们过去都经常到羊桥市，对这个地方非常熟识。

笔者的家族世居在羊桥市龙田里。家族共有7房人，太祖曾是清朝的官宦，祖屋占地500多平方米，是一间拥有天井、书馆、轿房、三进大厅10多间房子的大屋。这间差不多占据龙田里1/4地方的清代民宅，可惜

20世纪70年代羊桥路旧景

在20世纪90年代，被开发商征用拆除，而现在该地方又成了闲置地。几十年来，我们一直在羊桥市地段居住生活，见证了这条旧城区街道的沧桑变迁。

20世纪80年代以前，江门老城区的面积很小，除了长堤旧城区（仓后、堤东区）和沙仔尾区外，附近地方都是郊区的农田。羊桥市算是西区的中心点，现在回忆起来，依然记得羊桥市街貌。过去，在羊桥路右边（现在五邑城农行商铺位置）有供销社、纸制品厂，对面马路有水果店、凉茶铺、理发店，往前走到上斜坡口的左边有饮食店、染印店(将布染成各种颜色),对面有木柴店,汲芳里有肉菜市场,里面有蔬菜公司门市部、糖烟酒门市部、水产公司、猪肉店,鹅溪里口对面有个粮站,粮站背后就是龙田里,龙田里口有个公厕,汲芳里有个大水塘,20世纪80年代填地建沙仔尾文化中心大楼,沙仔尾街道办事处在该楼设置办公地址。

是小学教育的集中点

羊桥市还是小学教育的集中点,在这一路段,有羊桥小学、汲芳小学、紫沙小学、东观小学等,这些小学名校在20世纪60年代的“文化大革命”运动中曾被贯以红色名称,分别叫团结小学、工农兵小学、东风小学等。当时,小孩子是按居住地段安排入学的,因此,在同一所学校读书的人,绝大部分都是居住在左邻右里的街坊。笔者兄妹几人,童年读的紫沙小学(当时叫东风小学),原是叶家祠堂,1927年大革命运动期间,是五邑农民协会办事处,抗战期间曾改名为镇六小学校,是一所有光荣传统、过百年历史、培育出许多优秀人才,在教育工作中有建树的省一级学校。现在羊桥市路段唯一保留下来的学校,就只有紫沙小学了,其他几所已改建成居家养老中心、幼儿园和派出所。过去在羊桥市路段的国营和集体商店,也在改革开放的浪潮中全部转制和取消解散了。

在计划经济年代,由于日常生活用品短缺,许多物品都是凭票证供应的,大米是按每人定量供应,鱼和猪肉都要有肉票才能购买,虽然如此,但那个时候人们都平淡、充实、和谐地生活,邻里非常和睦,小孩们穿街过巷,一起玩乐。

老屋被拆后,笔者的家人也搬离龙田里,在市区其他社区居住。虽然离开了羊桥市,但多年来,我们一直坚持到羊桥市买所需的物品。就连80多岁的老母亲,也经常独自一人清早坐公共汽车,从市区港口路丹井里到华侨中学下车,再步行到羊桥市买瓜菜。母亲在羊桥市这个地方居住生活了几十年,虽然搬离此地,但却依然留恋着这个地方。

羊桥市没有高楼大厦,不像新城区那样美丽繁华,旧街巷那些百多年历史的老房子,也被岁月和风雨磨损了当年的风光。但当笔者每次走过这条旧街老巷,从地面上的花岗岩石板上,就会感觉到它积淀的历史底蕴。

台城人民广场忆旧

蔡锋

台山台城人民广场，是台城群众在业余时间开展跑步、球类等体育活动，也是大妈们跳广场舞的场所，是台城一道亮丽的风景线。它是台城人民在1950年11月21日至12月18日进行义务劳动建成的一项宏大的市政工程。

在这以前，台城召集群众大会或举行全县性的文体活动，都是在塔山山脚进行的。当时，台城市区面积很小，只有现在的环城北路、环城西路和环城南路包围的三角形地带，以及通济路、台西路、北盛街、西岩路一带的旧城区。台城当时还没有市内公交车，群众往返要步行较远的一段路，很不方便。为此，台山县人民政府决定修建台城人民广场，以方便县委、县政府召开

台城人民广场　蔡锋　摄

群众大会，市民也有一个工余散步、休闲和健身的地方。

2300名建设者义务劳动

人民广场所在位置，是明朝弘治十二年（1499年）台山立县时修建的操场，称为小校场，供驻军练兵用。清朝后期，逐渐变成洼地，农民在此种菜。1950年11月，台山县人民政府决定在这块洼地上建造台山县人民体育场（后来命名为台城人民广场）。县政府组织县工会、妇女会和台山中学（现台山一中）、台山师范学校（现台师高级中学）、台山女子师范学校（现台山华侨中学）、广大中学和培英中学五所学校的工人、妇女和师生义务劳动，完成这宏大的市政工程。县政府要求1950年12月18日前完工。施工方案是，在台城河对岸的草沙地上取土，经临时架设的横跨台城河的竹桥，运来洼地，填高两米多，使之成为一个大广场。

工程于1950年11月21日动工，2300名建设者参加义务劳动。他们有的在河对岸挖土，有的肩挑泥土过桥，有的打石硪把运来的泥土夯实。劳动的歌声和号子声，如同一曲振奋人心的交响乐，在热闹的工地回荡。工程初期，工人和妇女全天劳动，学生上午上课、中午12时30分至下午4时劳动。后期，工人、妇女和学生都是全天劳动。最先完成分配地段任务的单位是台山师范学校，最早完成任务的班组是台师二上班（班导师是李三英），为此，台山县第一届人民体育运动会筹备委员会给台师奖了一面“荣誉属于劳动者”奖旗，由邝炳衡副县长在运动会闭幕式上颁发。全部工程于1950年12月18日完成。

启用当天举行三个典礼

工程完成的次日上午，广场开始正式启用，在此隆重举行“庆祝中国人民保卫世界和平反对美国侵略委员会台山县分会成立”“朝鲜胜利祝捷”“庆祝台山县人民体育场与第一届人民体育运动大会开幕”三个典礼。广场西边搭了一座有三个门的牌楼，上悬“台山县第一届人民体育运动大会”横幅，两边是红底白字标语“庆祝中朝伟大胜利”“粉碎美帝侵略阴谋”。广场正东设主席台，台顶和两面有20多面彩旗，当中是中国国旗和朝鲜国旗。主席台上，有毛泽东、孙中山、斯大林和金日成的巨幅画像。

台城各单位于当日7时30分陆续进入会场。台中队伍进场坐下后，带队老师指挥大家高唱《新民主主义青年进行曲》：“年青人，火热的心，跟随着毛泽东前进……”唱毕，旁边的台师带队老师就高呼：“台中同学唱得好不好？”台师学生齐喊：“好！”接着老师再高呼：“妙不妙？”“妙！”“再来一个要不要？”“要！”然后，台师学生有节奏地鼓掌高呼“台中，来一个！台中，来一个”，直到台中唱《没有共产党就没有新中国》才停止。接着，台中学生鼓动台师学生唱歌。然后，各单位照此进行。这叫“拉歌”，是20世纪五六十年代盛行的群众歌咏活动。9时，参加6千米越野赛的运动员从台鹤公路（台城至公益）起点跑回设在会场的终点，全体观众热烈鼓掌欢迎。

10时，大会开始。先由台山县县长谢永宽剪彩，女师学生汤露丝、黄小梅向县长献花。随后，大会主席团成员粤中专区副专员欧初，台山县县长谢永宽，副县长邝炳衡、李贯之四人，以彩旗为前导，由两名身穿白衣服的“和平使者”陪同，台山中学军乐队跟随，率领全体运动员绕行跑道一周，举行入场式。接着，开始升国旗和运动会会旗。谢永宽致词后，两位和平使者放白鸽，邝炳衡致大会开幕词、欧初讲话。随后，台山县保卫世界和平反对美国侵略委员会主席黄伟韬、工人代表卢棠、工商联代表李召生、宗教界代表林德茂牧师发言。台山县体育联合会代表朱国贤宣读中华全国体育总会广东分会筹备委员会贺电，谢永宽带领全场高呼口号，大会仪式至此结束。主席团带领到会万余群众，以中朝两国国旗为前导，举行朝鲜胜利祝捷大游行。队伍经台海车站（现交管所）、济宁路（现西南路）、北盛街、东华路、革新路、台西路、县前路、正市街、通济路返回会场后解散。下午，进行比赛。

运动员分为公开男组、公开女组、学生男甲组、学生女甲组、学生男乙组、学生女乙组、学生男丙组和学生女丙组8个组别进行比赛（公开组是社会各界人士自由报名参赛的运动员）。项目有60米、100米、400米、1500米、6000米赛跑，80米、200米低栏，400米中栏，110米高栏，100米负重，400米障碍，400米、2000米接力，6000米越野等径赛和跳高、跳远、铅球、垒球、掷铁饼、拔河等田赛。每天中午比赛休息时间，由各校学生表演文艺节目。有台中的毛主席万岁舞、台师的青年操、女师的口琴独奏合奏等，深受观众欢迎。运动会的现场解说员是台师附小教师谢莺莺。

运动会在1950年12月23日17时举行闭幕式。台城工人表演舞狮、拔河助兴。

俯瞰渡槽　梁志华　摄

新楼渡槽修建始末

黎彩娟

渡槽是跨越河渠、溪谷、洼地和道路的架空水槽，在我国，修渡槽的历史悠久，西汉时称其为“飞渠”。恩平的新楼渡槽，位于恩城街道办事处新楼村村委会，修建于1977年，对灌溉田地发挥了很大的水利作用。2022年7月，笔者前往新楼探寻渡槽。

我在村干部的指引下，寻到了渡槽。只见高出锦江河面12米的渡槽，很有气势，掩映在竹丛中的渡槽尽头，有清流潺潺涌出。除了通水，渡槽还兼具桥的功能，在每卡水槽上铺了平整的石板，两边筑起栏杆，三四人可并行，大大地便利了附近的村民。

对于渡槽的修建始末，村干部说最知情的当是吴九兴，因当年的一米水头是他测出的。

当晚，笔者在恩城见到了86岁的吴九兴，他当年全程参与了渡槽的建造。

耕地缺水

20世纪五六十年代，新楼大队下辖新厂、长安和竹洞等7个自然村，有4000多人口、1300多亩地，但经常干旱、无水耕种，村民非常着急。

究其原因，新楼虽紧挨着锦江河，但它地势高出河面9米，因而，那边河水奔流，这边常常土地龟裂。

当然，新楼并非自古以来就干旱，附近的塘劳八队的三岔塘，水面100多亩，储水起来，足以灌溉新楼的土地，但由于开荒的土地越来越多，三岔塘灌溉不过来。

1966年，村民修了水轮泵，靠人力从锦江河泵水，还用上电动排灌，田地勉强能喝上水。

村里人多田少，靠水轮泵泵水，田地马马虎虎灌溉了近10年。但水轮泵毕竟容易坏，用电动排灌较省力，但要用电，在缺电的农村，电动排灌也难有用武之地。

1975年，时任恩平县县委副书记周荣海前来调研，看着干裂的农田，他开会研究，破解新楼村灌溉难题。周荣海提出，只要研究出从哪里引水，他打包票帮他们搞好。

新厂大队队长吴池介与新厂村队委吴九兴等村民商议时，吴九兴说："水轮泵不耐用，凤子山禾逵有长流水，如果修建渡槽，引水过来，就有水了。"

一语惊醒村中人！对岸不是有江南渠吗？

江南渠靠锦江水库和凤子山水库供水，沿大人山脉向南，经大田、恩城和大槐镇等8个镇，长60多公里，灌溉锦江河南岸14万多亩耕地。然而，北面的新楼却年年干旱。隔着几十米的锦江河，天壤之别！

但是，能引水过来吗？吴九兴拍着胸脯说："肯定可以！"

吴池介将修建渡槽、从江南渠引水的建议向周荣海作了汇报，周荣海听后，批示说："马上行动！"

土办法测量

修建渡槽可是个技术活。修多高、谁来精准测量呢？附近的南蛇浪村在修水渠，有水利技术人员在施工，倒是可以请他们帮忙。新楼村的人上门求助，但跑了好几趟，对方都没空来。

吴九兴说："找个人和我搭档，我来测吧。"

吴池介说："我来。"

于是，吴九兴、吴池介二人拿着牛绳和软尺在田埂上比试，量一块地，就在纸上记下数据，然后，把一级级梯田的数据叠加起来，得出的结果，总落差是1米。

他俩开心地说："江南渠水头高出1米，完全可以做渡槽。"但是，大伙将信将疑，毕竟，大家只听说过渡槽可跨河、跨山谷输水，但谁也没见过实物。

量了水头再量河宽，河宽110米，每跨10米立一根柱子，架一卡渡槽，每卡渡槽长10米，即河面需要11卡，岸边引槽6卡，共170米，17卡。

吴九兴等人的土法上马，感动了水利制件厂的一位工作人员，因新楼的水轮泵就是他生产出来的，所以他是新楼村的常客，他说："只要你们能做好柱墩，我就送10米一卡的水槽给你们。"

水槽有着落了，但没钱怎么修柱墩呢？

吴池介作为队长，他又"逮住"了周荣海，说："周副书记，村里测

近看渡槽　梁志华　摄

量过，禾梗水头高过我们这边1米。”

周荣海说：“好！过3天，我叫水利局过来再测量。”3天后，水利局的技术人员来测量，果真是高出1米！和吴九兴、吴池介二人的测量完全吻合。

恩平县马上向佛山地区打预算报告。打报告时，有人出主意：“报告预算打低点，以后再慢慢增加，一旦开工了肯定要完成的。否则，现在预算大了，怕上面不同意。”

这个“小聪明”点子被采纳了：经费预算打2万元。渡槽最终耗4万多元，这是后话。

修建渡槽

1976年1月，渡槽动工，开始清基地。吴九兴对开工时间记忆深刻，因为开工几天后，周恩来总理逝世，个个臂缠黑纱开工。

公社派来一位吴姓干部全程驻扎，从做槽开始，到工程全部完工，他前后待了3年。冯祥荣是附城公社的副社长，他管的工作多，但也常抽空来看进度。冯祥荣问水利局总工程师黄公在：“老黄，渡槽还能提高吗？如果能提高2米，就可以把新楼临近的村也灌溉上。”黄公在答：“可以啊，9.1米可灌溉新厂村，11米可灌溉至南蛇浪了。”

新厂村民加上兵团共100多人参加施工。兵团人住在村文化室，报酬则按生产队标准计工分。

工程难度很大，河边石多，有巨如床的，有如簸箕的，有拳头大小的，还有流沙，有的要凿、有的要搬。此外，尤其是禾逵那边，基底要做4米长、2米宽，需要拨开沙子，搬走石块。这个活儿很繁重，附近的附城中学师生也来支援。

1977年4月，渡槽通水了，清水灌满槽，飞越锦江河畅快横流，干旱的土地得到充分灌溉，100亩、300亩、1000亩……连塘劳村也灌溉到了，富余的水汇入江北渠。

从此，这片土地又忙碌起来，长满了水稻和瓜菜，人们的生活润泽起来。

40多年后的今天，渡槽依然通水，虽然很多丢荒的田地不需要水，但养鱼的池塘需要，苗木场也需要。

故土英才

司徒美堂　何翔　翻拍

司徒美堂在鹤山

何翔

祖籍广东开平的司徒美堂（1868—1955年），是著名的美洲华侨领袖，他的一生充满传奇色彩。

1949年9月初，司徒美堂回中国定居。他作为美洲华侨代表，参加了第一届中国人民政治协商会议。当选为全国政协委员、中央人民政府委员兼中央华侨事务委员会委员，并参加了开国大典。后担任全国人民代表大会常务委员会委员及一些社团领导职务。进入暮年的他，仍以前所未有的热情参加多项重大社会活动，为社会主义建设事业鞠躬尽瘁。

1951年年初，司徒美堂曾到鹤山视察土地改革情况，与鹤山人民结下不解之缘，尤其是通过他转送烟叶给毛泽东主席，使鹤山红烟名声鹊起。当年曾接待过司徒美堂的老人，忆起往事，仍倍感自豪。

用开平方言发表讲话

1950年到1951年年初，广东侨乡开展土地改革，鹤山的上南、开平的赤坎均为广东省和粤中地区土改试点。其间有民主人士向中央反映土地改革中的一些华侨政策问题。毛主席关心侨乡情况，委派司徒美堂回粤中考察土地改革中华侨政策落实情况，顺便返家乡探望元配夫人方春女和孙儿。当时已80多岁的司徒美堂，千里迢迢从北京南下广东。

1951年3月18日，司徒美堂一行包括中央侨委会、广东省委有关人员等十余人抵达鹤山，受到鹤山县党政领导和群众的热烈欢迎。当天下午，鹤山各界人民在沙坪南山广场举行欢迎大会，随后县长关立及有关部门负责人向调查团汇报鹤山土地改革及华侨政策的执行情况，接着，他们一行深入到全国知名红烟产区雅瑶上南以及龙门、昆东等各乡考察。

从沙坪到上南虽只有几公里，但道路崎岖，没有汽车可通。考虑到司徒美堂年事已高，县政府准备了一乘经过加固的轿子，挑选了两名精壮、可靠的轿夫让他坐轿前往。

上南的翻身农民获悉司徒美堂到访，感到很兴奋，农会组织了30多个武装民兵，在村前的碉楼及山岗上放哨，沿途做好保卫工作。1951年3月20日上午，司徒美堂一行出沙坪，经小范、大江、大路等村庄，道路两旁是一望无际的烟田，绿油油的烟叶迎风翻滚，烟农们在烟田劳作。一个多小时后，考察团抵上南乡农会文氏大宗祠，农会在祠堂外空地搭建了一个临时会场，挂上热烈欢迎的横幅，300多名村民齐集在那里欢迎中央考察团。

农会会长文演庆致欢迎词后，身穿灰黑色中山装、银须飘逸、精神矍铄的司徒美堂发表讲话，他简要阐述土地改革及有关华侨政策。司徒美堂幽默的谈吐、洪亮的声音，加上满口开平方言，村民听得津津有味，报以热烈掌声。随后，考察团分别找农民座谈，了解土地改革中华侨政策落实情况。

掬诚相告调研情况

这次以司徒美堂为首的高层调研，对进一步落实党的华侨政策，推动侨务工作起到了很大作用。据史料记载，司徒美堂把这次南下考察的土改情况，将在鹤山、开平等地的所见所闻整理上书毛主席，并在《光明日报》发表了《粤中华侨土地问题改革》专题文章。还写成《关于华侨土地问题的几点意见》，提交全国人民政协会议。

司徒美堂认为，土地改革是实现“耕者有其田”的途径，所以要坚决拥护，但要考虑侨乡的特殊情况。华侨其实是破了产的贫雇农，迫不得已逃到海外，千辛万苦赚了一点外汇回乡置田养老，与封建地主田租剥削有本质的不同。他建议对华侨地主和其他富有华侨用血汗钱赚来的财产应区别对待，对其自建的洋房最好不要分，否则会引起麻烦，会斩断他们与祖国的联系，断了联系就断了侨汇的来源。此外，华侨捐款办学而置下的“学田”，有利于发展侨乡的教育事业，应暂时保留。他还认为侨眷也有贫富之分，许多贫苦侨眷侨汇少，生活困难，租出一两亩田，在阶级成分上他们实际是贫下中农。

毛主席对司徒美堂的意见建议十分重视，他给全国政协和土地改革委员会的批示说：“要采纳司徒美堂的正确意见。”嗣后，政务院颁布有关土地改革中的华侨政策，基本吸纳了司徒美堂的意见。

司徒美堂的诸多看法和意见在海外华侨中产生很大的影响，一定程度地消除了华侨对土地改革的疑虑，也驳斥了一些别有用心的人对土改的诽谤和诬蔑。

帮忙转送烟叶给毛主席

鹤山红烟源远流长，有300多年历史，清乾隆十九年已大面积种植，民国初期年产量高达5000吨，居全省红烟之冠。中华人民共和国成立后种植面积不断扩大，即使20世纪六七十年代国家推行“以粮为纲”政策，也未影响红烟生产，全县保持5万亩水平。除上南主产区外，遍布龙口、桃源、鹤城各镇，从事烟叶种植和烟丝加工的农民、工人达5万人之众，当时黑猫、蜜蜂、前进牌烟丝畅销省港澳及东南亚地区，也成为全县财政收入主要来源。由于上南及其周边地区土质适合红烟生长，所产烟叶色泽红润，烟味馥郁，久贮不变而驰名中外。

中央调查团在鹤山进行了一周的考察，司徒美堂的音容笑貌给鹤山人民留下深刻印象。临别时，上南翻身农民根据县委送把烟叶给毛主席的意图，特意精选了3斤产自“猪公袍”（上南土名，一块面积约4分的优质烟田）晒干的红烟叶，分成4扎，用有防潮作用的糯米稻草包起，扎上红丝带，请司徒美堂转送给毛主席，以代表鹤山20万位翻身农民对领袖的深情厚意。司徒美堂表示谢意后，转交给致公党的黄鼎臣带到北京，连同他的土改考察报告送给毛主席。

据当年曾接待过司徒美堂及亲手挑选烟叶送给毛主席、现已80多岁的源梓容姓老人忆述，上南翻身农民本来打算同时送烟叶给司徒美堂，因司徒美堂说他不抽烟而作罢，此举同时也显示了他坦荡的为人。毛主席收到烟叶后，在百忙中于1951年4月27日复信给鹤山人民，《粤中报》头版原文刊载，使侨乡特别是鹤山人民深受鼓舞。复信原件（后为复制件）至今妥善保存于鹤山市档案馆。

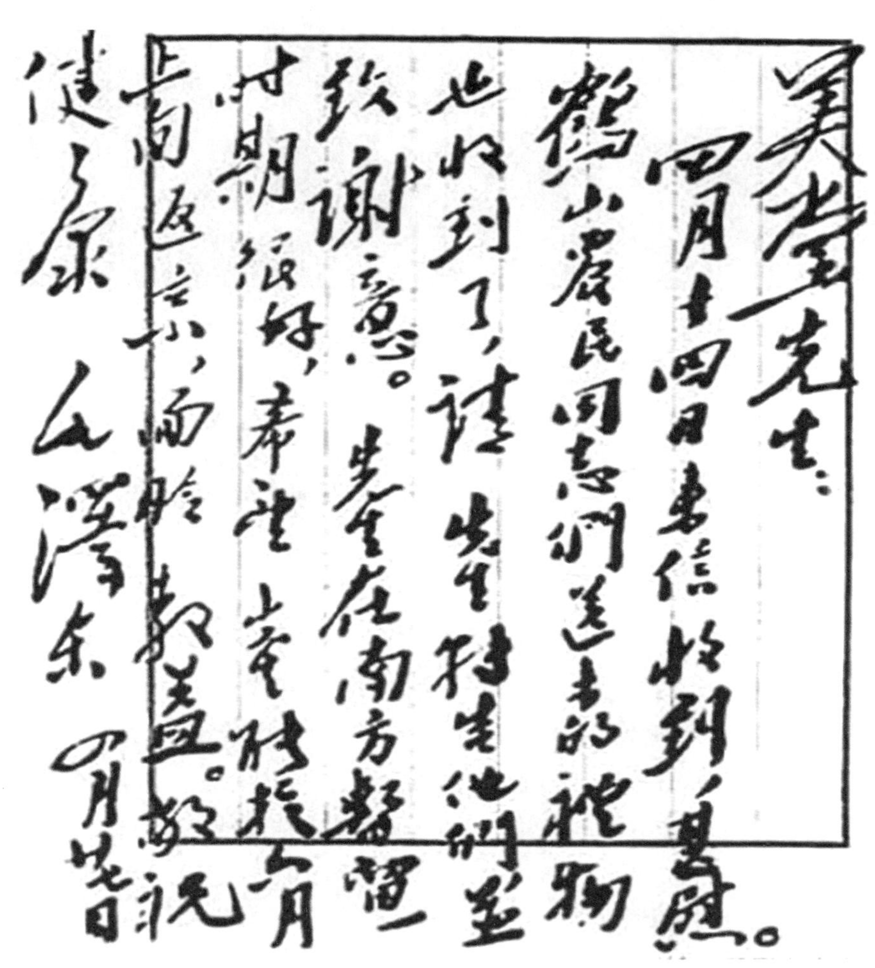
美堂先生：
四月十四日惠书收到，甚慰。
鹤山农民同志们送来的礼物
也收到了，请先生转告他们并
致谢意。先生在南方暂留一
时期很好，希望能于六月
下旬返京，面聆教益。敬祝
健康
毛泽东
四月廿七日

毛泽东主席亲笔复信给鹤山翻身农民　何翔　翻拍

李春华大使(右)与佛得角共和国总统丰塞卡合影

李春华难忘的外交片断

黎彩娟

李春华，恩平籍外交官，曾任中国驻莫桑比克共和国特命全权大使。2023年3月，他接受笔者的电话访谈，回忆了他难忘的外交生涯。

毕业于北京外国语学院

1954年10月，李春华在恩平县那吉镇清湾桄榔树村出生，家里很穷。李春华8岁那年，父亲去世，母亲独自抚养5个儿女。李春华每学期2元8角钱的学费也交不起，只好拖欠着，上到初中一年级，他辍学了。停学了一年，母亲卖掉一罐黄豆，再把他送回学校。

1973年，李春华高中毕业，成为

全村唯一的高中生。依当时的政策，高中毕业生须回乡务农两年，才可参加选拔和考试。他回村种地，兼当广播员。1975年9月，李春华被选拔参加高等院校招生考试。从北京来招生的教授分别对李春华等人进行了专门面试。首先用英语与他们简单交谈，然后让他们复述英语、在20分钟内写一篇作文，最后，让他们介绍当前国内和国际的重大事件以及个人看法。

教授发现，在参加面试的多位青年中，李春华英语基础虽然不算优秀，但具备较大发展潜力。经过层层选拔和考试，李春华被北京外国语学院录取，分配到西班牙语系葡萄牙语专业。当时，李春华还犹豫着去读大学还是在家挣工分，母亲鼓励他说："你长大了，要去见四方。"就这样，李春华进入北京外国语学院读书。

在大学期间，李春华读书很刻苦，平时口袋里总是装着写满外语的条子，除了吃饭睡觉，其余时间都用在学习上。他从来不外出游玩，学校离北京动物园很近，坐公交车来回仅需一角钱，他也是在毕业考试完了以后才第一次去。

1979年，李春华大学毕业，分配到外交部，同年被派往中国驻葡萄牙大使馆工作，开启了36年的外交生涯。

在安哥拉四处找水

1987年至1991年，李春华在中国驻安哥拉共和国大使馆工作，历任三秘、二秘。此时，安哥拉正处于战争状态，使馆虽有备用发电机和储水罐，但缺水、断电情况时有发生。有一次，首都罗安达的供水管道被炸，断水半个多月。使馆只能买水维持日常需要，一车水从500美元涨到1000美元，最后连水也买不到了。他们只好在面包车上插上国旗，4个人开车往郊区找水。到了军事哨卡就被拦下了，士兵持着冲锋枪对着他们吆喝："不准出去！"经过反复解释才被放行。就这样，过了几个哨卡，开车走了四五十公里，终于发现了一条河，大家赶紧拿出大水桶装水……走多远能找到水，水电何时能恢复，一切都是未知，就这样，大家在忐忑之中过了半个月。

还有一次，李春华陪同大使应邀出席政府主办的群众集会活动。政府官员坐在主席台中间，主席台两边是驻安哥拉的使团。活动开始不久，离现场不远的垃圾桶发生了爆炸，民众如水泻般四处涌动。李春华扶着大使，一时之间找不到方向，因为车子进不来，也出不去。时年30多岁的他，从来没见过这种场面，心里紧张得扑扑跳。幸好不到一小时，混乱平息下来。经过此次历险，李春华后来遇事变得镇定了。

非洲蚊子多，在那里工作过的人，几乎都患过疟疾，李春华也不能幸免。有一天，他陪同大使参加了五场活动，活动结束后回到使馆整理资料，零点才回宿舍。不久就开始打摆子、发高烧至39摄氏度，同事要送他到医院去，但医院的条件很差，连蚊帐也没有。李春华决定先用冰块进行物理降温，幸运的是，体温慢慢降下来了。第二天，他又硬撑着陪大使到埃塞俄比亚开会。5天后回程时，他依然觉得头晕。

维护侨民合法权益，是使领馆的重要工作。李春华还担任过外交部非洲司二秘、副处长、一秘、处长。有一年，几位侨胞被骗到莫桑比克伐木，没有尽头的劳作让他们看不到希望，他们最终从森林里逃跑出来找到中国驻莫桑比克大使馆。看着他们穿着短裤、单衣，瑟瑟发抖的样子，李春华很难过，他马上安排这几人到旅馆住下，给他们买来新衣服，大使馆协助那几位同胞与国内家人取得联系，并帮助他们回国。

在圣保罗看球赛、跳桑巴舞

1997年至2001年，李春华在中国驻圣保罗总领事馆任副总领事，度过色彩斑斓的4年。

圣保罗是巴西的经济金融中心，也是南美的最大城市，华侨聚集。入乡随俗，李春华和同事们观足球赛、品尝咖啡，学跳桑巴舞，体会异域文化。有一次，李春华和同事们在圣保罗体育场看球赛，旁边几位大叔大妈，从头到尾高喊球员的名字，卖力地“指导”比赛：前锋要拼力！中场不可带球过多！后卫防守要严谨……自始至终，又叫又跳又出点子，好像他们才是主教练。这就是巴西球迷！这就是足球王国！

巴西也是咖啡王国，当地人喝咖啡如同中国人喝茶，每天一杯咖啡，是他们的惬意时光。有一次，一位律师请李春华到家做客。他到咖啡烘烤厂买回刚出炉的咖啡豆，亲手打磨、煮调和过滤，沥出一杯嫩滑香浓的极品咖啡，让李春华一饮难忘。

巴西还是桑巴舞王国。每年狂欢节，数百万游客从世界各地涌入巴西，只为跳一把桑巴舞。有一年，圣保罗市市长邀李春华出席活动，并嘱他不能穿西装，要穿市府送去的T恤衫。

李春华迟疑了："我不会跳舞啊！"

市长说："你现在不会，等下就会了。"

到了圣保罗大街，音乐雷动，节奏强劲。市长拉着李春华，李春华跟着市长的步伐，很快就跳得有板有眼。

帮助佛得角成功试种旱稻

2009年至2012年，李春华是驻佛得角共和国特命全权大使。

佛得角属于热带干旱气候，全国干旱少雨，气温高，蒸发量很大，全国各岛的平均蒸发量达1800毫米以上。这种气候难以生长水稻，因而，佛得角一直是从欧洲进口大米。

作为外交官，李春华牢记"责任重大、使命光荣"8字真经，时刻维护国家、民族利益，推动两国友好合作关系发展。他想，水稻不能种，旱稻或许可以尝试。佛得角岩石多，土地少，庄稼大多长在山谷里，缺淡水，而早年中国在此援建了一个水库，下游的水可灌溉农田。另外，邻国的几内亚比绍就在种旱稻。于是，李春华到佛得角农业部拜会官员时，提出从邻国几内亚比绍引进旱稻，在水库下游试验种植。

佛得角农业部采纳了李春华的建议，试验种植旱稻取得成功，改写了佛得角不能生产稻谷的历史。

佛得角总统皮雷斯有件烦心事，他家乡有所小学的建设项目"卡"住了，没法动工。"卡"在哪里呢？项目要建在火山岛半山斜坡，但一锤子下去，锤子"钉"一声弹回来，原来，地下是坚硬的火山岩石。锤子敲不过，又不能用炸药，因为佛得角有规定，不得使用炸药施工，怕引起火山爆发，只可用大型机械凿石劈山，但佛得角无这方面的技术力量，而且经费也紧张。

经李春华多方沟通，中国和

佛得角双方合力，终于在山坡上辟出平地，材料进场，成功施工。

在莫桑比克传授种水稻经验

驻莫桑比克大使，是李春华外交生涯的最后一站。莫桑比克是个南部非洲国家，毗邻印度洋。过去遭殖民统治，虽然有黄金和红宝石，有世界最长的海峡，但经济低迷。

其时，中国已和莫桑比克开展农业合作，为该国援建了农业技术培训中心，最见效的无疑是在滩涂上种水稻。莫桑比克人的主食多为玉米、木薯和面包。他们不懂种水稻，大米靠进口，因而，吃大米饭对于老百姓来说，是过节时候的奢侈品。

李春华根据自己的务农经历，向当地人传授经验，告诉他们先平整土地，再从水渠引水，浸透泥土，然后赶牛耙田。把谷种泡出芽再播到田里，待秧苗长到15～20厘米高，才能移植插秧。李春华在接受当地电台、电视台采访和做讲座的时候，不但介绍两国农业合作成果，同时还积极推介种植水稻的一些基本知识和相关技术。莫桑比克的一些官员称赞他是“半个农业专家”。

到了收成季节，看稻穗压弯了腰，当地人开心欢呼，联合国粮农组织还派人来学习。

……

李春华在使领馆工作期间，从来没有清闲过，周末如无对外活动，通常都安排馆员开展文体活动。这些活动丰富了馆员的业余文化生活，有时还与中资企业、侨团交流联谊，增进对中资企业和侨团的了解，对馆员做好本职工作大有裨益。

这位从恩平走出来的外交官，无论在西非的佛得角，还是在南部非洲的莫桑比克，都与当地官方和民间结下深厚友谊。2015年，李春华退休，在他结束任期回国时，两国高官和友人自发前往机场送行，依依惜别。

李宏利

举重王子李宏利

陈彩凤　陈罡

李宏利，1980年12月出生于湖南宁远，1993年输送到江门，是中国男子77公斤级举重优秀运动员，"广东青年五四奖章""广东省五一劳动奖章""广东省优秀青年""广东省优秀共青团员""江门市十大杰出青年""江门市劳动模范"等荣誉的获得者。

崭露头角

作为农村孩子，李宏利从小就很听话，经常帮助父母做一些力所能及的家务活，在他的身上，显现出朴实、勤奋、诚实的优秀品质，因此，他在家乡读小学时，深受老师的喜爱，鼓励他积极参加学校的各种文体活动。1990年，宁远县业余体校的教练来学校挑选举重苗子。一开始，不起眼的李宏利没有被教练看上，但是，由于班主任对他的情况比较了解，于是极力推荐，教练随后对他进行了立定跳远的测试。经过测试，教练发现他爆发力不错，于是，李宏利进入宁远县业余体校举重班，开始了试训生涯。

刚开始训练时，李宏利并不知道举重到底是做什么的，更不知道以后会参加什么比赛，但是，经过一段时间的训练，他渐渐地对举重这项运动产生了兴趣。有了兴趣，他更加刻苦训练。慢慢地，他开始崭露头角了。在全县举重比赛中，他以出色的成绩收获了自己运动生涯的首个冠军，第一次真正地体会到“一分耕耘、一分收获”的滋味。

为了减轻家庭的经济负担，12岁的李宏利离开父母，被输送到江门市新会少年体校。

来到新会之后，李宏利更清楚地知道，要想对得起自己、父母及所有关心自己的人，就必须付出比别人更多的汗水和努力。所以，每次训练，即使再累他都坚持住，咬紧牙关挺过去。功夫不负有心人，1993年10月，他参加江门市举重锦标赛的测试，以出色的成绩让参赛对手望而却步。此时，广东省举重队教练也在现场，当他从专业的角度看到李宏利的表现后，认为这个孩子机警灵敏、身材结实，有运动员的天赋，是个举重的好苗子。不久，李宏利就被选送到广东省举重队。

在省队，有来自全省最优秀的举重选手，队员之间的竞争非常激烈，加上队员实行淘汰制，唯有强者才有资格留在这里。李宏利很清楚自身的条件不如别人，比如，关节硬，会对身体支撑力造成影响，别人举上去的时候很稳当，而自己却摇摇晃晃的。为此，每次训练完之后，他都会有针对性地去练别的项目。同时，他还努力向技术好的同伴学习，细心观摩他们的动作。努力的结果，他的考核在同伴中处于优秀等级，同级别的比赛也很容易就能拿到第一名，于是，他被留在了省队，等待成为正式队员。

李宏利知道，要想出成绩，除了科学训练，还要有目标。他虽在青年组，但定的目标是向成年组看齐。只有赢了成年组的对手，才有机会参加全国性、甚至世界性的比赛，才能实现自己的冠军梦。

1996年，李宏利开始参加全国举重青年锦标赛，并夺得冠军。有了这样的好成绩，他很快就转正了，成了一名职业举重运动员。这一年，李宏利16岁。

厚积薄发

奥运会，一个让运动健儿无限向往的神圣舞台，对于李宏利来说，自然也是如此。多少个日日夜夜，他都期盼着能够有一天走上奥运会的领奖台，为祖国争得荣誉。但是，老天似乎总是喜欢跟他开玩笑，貌似是在考验着他的韧性和耐心。

2000年，年轻的李宏利已经是国内77公斤级举重项目中极具影响力的选手。当时，国家队把他当作参战悉尼奥运会的候选人，作为占旭刚的第一替补。在赛前国内的各项测试和评估中，李宏利都完全达标，然而，由于出国手续办理失误这样一件意想不到的小事，李宏利与自己的第一届奥运会失之交臂。“这是一次意外，它并没有影响我求胜的欲望，我要用实力证明自己。”李宏利暗暗对自己说。之后的几年，他一路过关斩将，夺得数个不同级别和赛事的冠军，一度在国内77公斤级别中无人能敌，在2001年的九运会上，他的总成绩已超过悉尼奥运会冠军2.5公斤。拥有绝对的实力，又处在年富力强的上升期，他瞄准了期待许久的目标——2004年雅典奥运会。

2004年，终于盼来了雅典奥运会。令大家没想到的是，李宏利又一次无缘奥运会。论实力和竞技状态，当时的他都比占旭刚要强，以他平时的成绩，即使不能在雅典夺金，拿一枚奖牌也应该没有问题，而当时已停练一年的占旭刚很难恢复状态。最终，占旭刚在雅典奥运会上接连3次挺举失败，连成绩都没有。谈及落选的原因，李宏利说，当时队里可能考虑到占旭刚是中国举重的领军人物，他出征奥运会能为队友增加信心。李宏利虽然无奈，但只能服从安排，所以，在雅典奥运会中国队参赛名单公布的当天，他就收拾自己所有的行李，从北京直接回到广州，第二天就回到江门新会休整。

回到新会后，李宏利把与举重有关的事情完全抛开，尽量放松自己，重新调整状态。他冷静地思考，努力把自己几年的辛苦和疲累“洗刷”了一遍后，告诉自己：“我要打到2008年，这辈子要去冲一次奥运会，一定要争回属于自己的荣誉！”李宏利用了3个月的时间走出了“落选”的阴影，重新站在举重竞技场上。

2004年年底，李宏利开始恢复训练，目标直指2005年全运会。他知道，只有在赛场上用实力战胜对手，才能更好地证明自己。仅仅训练了4个月，李宏利就一举拿下了2005年全运会的3个冠军。

在2006年多哈亚运会上，他以超出20公斤的优势轻松夺冠。重新找回士气和信心后，他的奥运梦想再一次在心中萌动。

一个运动员竞技状态的黄金期是25岁前的几年时间，备战北京奥运会时，李宏利已经27岁了，已经超过了一名运动员竞技状态的黄金期，生理代谢比年轻时已经慢了很多，运动疲劳的恢复也比年轻的时候需要更多的时间，而此时的他，由于长时期的训练，身体五处地方出现了不同的伤病。但是，为了能够实现奥运梦、登上奥运的冠军领奖台，他每天依然坚持举重5万公斤。在训练过程中，李宏利拇指手皮和老茧经常会被撕掉，抓起杠铃就会钻心地痛。特别是在2007年冬训时，他的膝关节胫骨增生疼痛难忍，每一堂训练课都是咬着牙坚持下来的。

李宏利十几年如一日，汗水洒在训练场，泪水流在杠铃上，但他从没有放弃过。对于李宏利来说，他的动力来自对举重运动的热爱和对成功的渴望。说到举重的艰辛，李宏利说，最苦的还是比赛之前的减体重。因为举重项目是按体重来决定级别的，比如77公斤级别的选手，体重必须在77公斤级以下。这就要求体重超标的运动员在比赛前一定要将体重减到该级别标准以内。有时候，运动员为了在短时间内减磅，要好几天不吃饭，甚至连水都不能多喝。

李宏利说："减体重时我一天基本只喝3小杯水，喝多了体重就立刻上去，经常口渴得嘴唇开裂。这样能最大限度地让体内多余的水分消耗掉，以减轻体重。实在饿得不行了也只能吃一点水果，如葡萄、苹果等，但是吃进去还要把渣吐出来。如果这样还是不能把体重减到标准以内，那就要去焗桑拿。"而所谓的"焗桑拿"，并不是外人想象的有人按摩的那种舒服、享受的感觉，而是关在桑拿房里，必须要流几公斤的汗后才能出来。李宏利说，如果是正常情况下，这点要求是可以承受的，但所有进桑拿房减体重的运动员，之前都已经饿了两三天，在不吃饭、不喝水的情况下，焗桑拿就是非常痛苦的一件事，在里面呆5分钟都非常难受。

"有一次全国锦标赛之前，从桑拿房出来后，发现自己已经眼眶深陷，两眼发黑。"李宏利说现在想起来还有点害怕。

奥运夺奖

通过艰苦训练和奋力拼搏，李宏利的实力有了较大的提升。在2008年4月的奥运会选拔赛上，他以绝对优势确定了自己是男子举重77公斤级的不二人选，并最终入选奥运会参赛。

李宏利清醒地知道，这可能是他唯一、也是最后一次参加奥运会了，因此，他认真备战，按照周密的训练计划，一直把好的状态保持到奥运会上。

2008 年 8 月 13 日，对于李宏利来说，这是个不同寻常的日子。28岁的老将李宏利顺利参加了在自己家门口举办的奥运会。这一刻，他已经等了整整8年。赛场上，他先微调开把重量，从165公斤降为163公斤。首把成功后，直接越过165公斤，冲击168公斤。这一战术果然奏效，他成功举起了168公斤，超越了其他强手。挺举决战，李宏利采取以稳为主的战术，将首把重量降下2公斤，成功挺起了193公斤后，他便成竹在胸。第二把，他冲击198公斤未能成功。第三把，再度尝试该重量，李宏利摇摇晃晃地将杠铃举过头顶，凭借顽强的意志坚持到黄灯亮起，总成绩上升至366公斤。而韩国选手史载赫也举起了同样的重量，但是，由于李宏利的体重高于韩国选手0.45公斤，不得不遗憾地与金牌擦肩而过。

李宏利在北京奥运会比赛中

李宏利最终没有圆了自己的金牌梦，但是他的拼搏精神让人感动，这枚银牌的分量一点不逊色于金牌。

战绩辉煌

1998年，参加在重庆举行的亚洲

青年锦标赛，获得抓举冠军、挺举亚军、总成绩冠军。

1999年，参加在美国举行的世界青年锦标赛，获得77公斤级抓举、挺举、总成绩3项冠军，破青年世界纪录，达到国际级运动健将标准；参加在湖北举行的亚洲举重锦标赛，获得抓举冠军、挺举季军、总成绩亚军；参加在湖北举行的全国举重冠军赛，获得抓举冠军、挺举亚军、总成绩冠军。

2000年，参加在广西举行的全国男子举重冠军赛，获得77公斤级抓举、挺举、总成绩3项冠军。

2001年，参加在日本大阪举行的第三届东亚运动会，获得总成绩冠军；参加在广州举行的全国第九届运动会，获得举重男子77公斤级抓举、总成绩2项冠军。

2002年，参加在韩国釜山举行的第十一届亚运会，抓举破世界纪录；参加在江西举行的全国举重锦标赛，获得抓举、挺举、总成绩3项冠军；参加在波兰华沙举行的世界举重锦标赛，获得抓举冠军。

2003年，参加在北京举行的全国举重锦标赛，获得男子77公斤级抓举、挺举、总成绩3项冠军；参加在秦皇岛举行的亚洲举重锦标赛，获得男子77公斤级抓举、挺举、总成绩3项冠军；参加在加拿大举行的世界举重锦标赛，获得男子77公斤级抓举冠军；参加在秦皇岛举行的全国举重冠军赛，获得男子77公斤级抓举、挺举、总成绩3项冠军。

2005年，参加在南京举行的全国第十届运动会，获得男子77公斤级总成绩冠军；参加在海南举行的全国举重锦标赛，获得男子77公斤级抓举、挺举、总成绩冠军；参加在卡塔尔举行的世界举重锦标赛，获得男子77公斤级抓举、挺举、总成绩冠军。

2006年，参加在广西举行的全国举重锦标赛，获得男子77公斤级抓举、挺举、总成绩冠军；参加全国举重冠军赛，获得男子77公斤级抓举、总成绩2项冠军，挺举季军；参加在尼米加举行的世界举重锦标赛，获得男子77公斤级抓举冠军、总成绩亚军。

2007年，参加在山东举行的亚洲举重锦标赛，获得男子77公斤级抓举、挺举、总成绩冠军；参加在泰国举行的世界举重锦标赛，获得男子77公斤级抓举冠军、总成绩季军。

2008年，参加在福建泉州举行的全国举重锦标赛暨奥运选拔赛77公斤级比赛，获得挺举、总成绩冠军，抓举第四名；参加在北京举行的第29届奥运会，获得男子举重77公斤级抓举总成绩亚军。

陈宝骢

热血青年陈宝骢

陈飘石

20世纪初，今江海区外海街道有一位青年，投身“五四”运动，和周恩来等同志并肩战斗；他亲历“五卅惨案”，和尹景伊烈士冲在第一线，出生入死；抗战期间担任军医救伤救国，后来定居江西上饶成为当地名医。历尽坎坷，热血不减，他就是从侨乡大地走出去的传奇人物——陈宝骢。

由于早年就离开外海，陈宝骢的事迹在家乡江门鲜为人知。在上饶党校罗时平教授的帮助下，笔者了解到陈宝骢的事迹，电话采访了他的小女儿陈抗谦老人，并查阅了各种史料，写成此文。

不寻常的家庭背景

陈宝骢（1897—1983年），字云马，出生于新会外海（今属江门市江海区）。父亲名叫陈芝昌。根据《外海龙溪志略》等资料所载，陈芝昌号剑秋，是光绪年间秀才，后毕业于京师大学堂法政科。曾任前清刑部主事，1898年捐款创建广东首家新式学堂——广州时敏学堂；曾和同乡陈仲伟、陈辑五、陈雨畦等创办外海第一家进步群众社团——龙溪共学会；1906年与同乡陈学韶、陈仲伟等倡办外海首家新式学堂——外海乡初高两等小学校；民国期间曾任广东省高等法院检察厅厅长（具体年份不详）；1927年，被推为第一届外海乡旅省陈氏家族公会会长；1930年被委任为广东省国民政府琼崖特别区高等审判所所长（因故未就）。

根据陈宝骢的小女儿陈抗谦所转述，在陈宝骢少年时期，陈芝昌担任律师，并往来于全国多地。陈宝骢从小就向往外面的世界，故跟随父亲在广州、北京、上海、天津等地辗转求学。

陈宝骢有兄长二人，其二兄名宝骐（字彝伯），在两广方言学堂师从陈瀓宸（介石），后来担任北京大学法科教员，也曾任封川县县长及铁路总工程师。《外海龙溪志略续编》记载了陈芝昌及陈宝骐的事迹，但无提及陈宝骢，可能是因为陈宝骢自小离开家乡，乡人对其并不了解。

不寻常的家庭背景和特殊的求学经历，培养了陈宝骢的进步思想及勇敢气魄。

在“天津魁发成事件”中被扣留

陈宝骢的中学是在天津德华学校读的（1919年年初德华学校改名为大营门中学）。1919年5月4日，“五四”运动爆发了，5月14日天津中等以上学校学生联合会（以下简称天津学联）成立，刚从日本回国入读南开大学并组织了觉悟社的周恩来，被推举为天津学联的主要负责人及《天津学生联合会报》的主编。而刚从德华学校毕业的陈宝骢则担任了天津学联职员，也是学生运动的积极分子。据《益世报》所载，1920年1月17日，陈宝骢在天津“北讲演所”作了题为《国家与人民之关系》的演讲。

1919年11月16日，日本帝国主义制造福州惨案，中华大地掀起又一波的反日浪潮。天津的学界、商界各团体组织国民大会委员会，发起了抵制日货的运动并制定了具体措施。1920年1月23日，位于东门内的魁发成杂货铺因被学生发现私运日货，遂勾结日本人殴打到店调查的学生，并抢走学生的调查证件。天津学联成员及各界代表闻讯义愤填膺，认为此举足以削减抵制日货的影响力，遂把涉事店员带到商会，批判其无耻行径。次日，打算由陈宝骢及于骏望、郭绪荣等多名学生解送魁发成人员到公园向民众作出交代。中途遭遇天津警察厅军警以高压手段镇压，军警拳打脚踢，更使用警棍、枪托、鞭子，不分皂白，向学生打来。陈宝骢、于骏望等6名学生被连打带拖，拘捕入警察厅，其中陈宝骢受伤最严重。其他学生及各界代表遂前往省公署提出强烈抗议，马千里、马骏、陶尚钊等12人随即又被拘捕，学生联合会和各界联合会会所也被查封。1月29日，在周恩来等人的领导下，天津学生数千人到省公署请愿，提出取消中日不平等协定、释放被捕代表、为学生联合会和各界联合会会所启封等诉求。请愿学生再次遭到军警残酷镇压，有50余人受伤，周恩来、于兰渚、张若名、郭隆真4名代表被逮捕（该事件称“一廿九惨案”或“廿九惨案”）。至此，共有26名学生及各界代表被逮捕并拘留在天津警察厅。周恩来被捕后，以日记形式撰写《警厅拘留记》及《检厅日录》，详细记录了学生及各界代表被拘留、审判的经过。《益世报》也不断报道事件发展。

天津警察厅拘留所环境很差，尤其是陈宝骢所在的那间。《警厅拘留记》记录道：“那间屋子非常恶劣，门上没有玻璃挡住，呼呼的进风；屋里又没有炉子，所以温度非常低。陈宝骢本来就受伤很重，加上住在那屋子了，便不时有病，有时还吐几口血。”

天津警察厅苦于民众不愿对被拘学生指控作证，对拘留的代表只好既不审判，又不释放，一直拖延着，同时软硬兼施，希望瓦解众人的意志。被拘代表们和当局作了不屈不挠的抗争，并在1920年4月2日发起绝食抗议，要求尽快审判及释放。消息传到社会后，媒体对当局不断谴责，全国各地也纷纷来电抗议天津警察厅的暴行。5

日，学联代表谌志笃、邓颖超等24名学生来到天津警察厅，要求替换被押代表。迫于压力，反动当局于7日释放了患病的李权、年龄较小的陶尚钊等5人，其余周恩来、马骏、陈宝骢等21人则被移送至河北地方检察厅。

陈宝骢在拘留期间病得很严重，但他非常坚强。1920年4月19日《益世报》载："移送法庭之被拘代表陈宝骢，前在警厅被警察殴伤，至今未痊。送入检厅后，病益加重，每晚身热如火，精神恍惚。其余各代表每夜轮流看护，并要求送入医院。而陈君尚未允许，并谓宁愿死于检厅，不愿亡于医院。各代表闻之，无不声泪俱下。"周恩来在《检厅日录》详细记录了陈宝骢的每日病况：10日："晚十二钟时，陈宝骢忽发神经病，忽笑忽哭，四肢冰冷，呕吐数次，随后嗅些红灵丹，才见痊愈。"14日："陈宝骢又病了，到晚上还不见好。"18日："昨夜陈宝骢的病势危急，大家都非常焦虑"……陈宝骢的病情日趋危殆，其庶母一直在申请为其"移外就医"未被检厅批准，直到4月23日，陈宝骢才被准出外就医。陈宝骢不愿意离开大家，"临走的时候，他总是念念不忘'好了再回来'那句话"。经过在德美医院的治疗，陈宝骢逐步好转。6月1日，被检厅传来过堂，问了几句病情后，陈宝骢要求回来看守所。检厅未置可否。6月15日，陈宝骢主动由医院回到检厅看守所。周恩来在《检厅日录》记录道："他的气色很好，就是身体比强壮的时候软弱的许多。"在周恩来的倡议下，6月18日晚，代表们为陈宝骢的归来举办了简单而热烈的欢迎会，内容有唱曲及游戏。

在整个拘留期间，大家一方面相互照顾，并肩与当局进行各种斗争；另一方面，坚持各种形式的学习，包括建立读书团、运动团、演说练习会、特别讲演会等。周恩来不断向大家宣传马克思学说、唯物史观、阶级竞争史等进步思想。

1920年7月6日，天津审判庭开始作出公开审理。7月17日，《天津地方审判厅刑事判决书》分别以妨害安全罪、骚扰罪、私擅监禁罪等名堂，宣判了陈宝骢、周恩来、马骏等20多人不同的罪名，并各判决2个月的有期徒刑或罚款。由于代表们的拘押时间已近6个月，可抵有期徒刑时间，故当庭全部释放。

社会各界闻讯对被释放的学生及各界代表举办了隆重的欢迎仪式。《益世报》报道称："斯时，到厅欢迎被拘代表者，男女约有百余人，有顺直省议会代表、商会代表、各界联合会职员、学生联合会职员，并由公教慰劳团备有纪念花、纪念章(上刊'为国牺牲'四字)、五色旗分送各被释代表佩带。由商会备四轮汽车五辆，每辆树白旗两杆，上书'欢迎被拘代表'等字，并在地审厅门首合摄一影以作纪念。于午后四钟时，遂乘汽车同赴商会，开欢迎会云。"

经历了这场斗争，陈宝骢等人都得到了锻炼，坚定了追求进步的爱国心。

在"五卅惨案"中被打

1922年，陈宝骢考入上海同济大学医科就读。他的大学同学描述他"善运动，有侠风，曾任本校体育指导员"，他也是该校学生运动的骨干。1923年以后，恽代英经常来校演讲，并在校建立了共产党地下组织，由尹景伊和何志球负责。陈宝骢经何志球动员，由尹、何担任介绍人，经恽代英同意，也参加了党小组的工作。1924年1月，国民党一大会议宣告了第一次国共合作建立。1924年2月，国民党上海执行部成立，毛泽东、恽代英、邓中夏、向警予等共产党员参加了国民党上海执行部的领导工作。是年3月，同济大学成立了国民党上海第六区党部第三分部。1925年5月4日，自"五四"运动之后一度被中止的同济学生自治会得以恢复，袁文彬当选为会长，何同泽、吴羹梅、陈宝骢、尹景伊、陈必贶、詹大权担任委员。学生自治会经常请国共两党人士如汪精卫、萧楚女、恽代英、邓中夏、侯绍裘等人来校讲演，指导同济学生的社会活动。

1925年5月15日，因日商上海内外棉七厂无故殴打、开除中国工人，引发工人罢工，其后发生了日本人开枪射杀工人的事件，工人顾正红遭枪杀身亡，另十多位工人受伤，事件引发进一步的工潮及示威。不少参与顾正红公祭活动及示威的学生、工人更遭到上海警方的拘捕。为反抗帝国主义的压迫，中共地下组织领导了全国范围的大罢工及游行示威。

1925年5月29日，上海学联副主席梅电龙和上海大学学生会负责人何秉彝来到同济大学，传达中共上海地委的指示，陈宝骢和尹景伊等人随即组织同济学生自治会紧急会议，动员全校学生次日到南京路参加反帝爱国示威。大家连夜编队并准备标语、传单、救伤

“五卅惨案”中陈宝骢的血衣

包等。5月30日,同济大学全体学生700多人分成16个小队开展了游行。由尹景伊、陈宝骢、袁文彬、吴羹梅4人担任领队,尹景伊负责全员领导、督促、调度并兼任第一小队队长,陈宝骢率领16小队作为冲击队,负责开路行进、抵挡敌人袭击或武力干涉。游行队伍沿途向各界群众慷慨激昂地发表演说,并散发传单,张贴标语、漫画,揭露帝国主义种种罪行。上海市其他高校的游行队伍也不断云集,工人、店员、教员等各界群众也加入了学生的行列。大批巡捕密切监视,并陆续开始逮捕演讲及领头的学生。同济大学的队伍到达南京路永安公司门前,陈宝骢进行演讲,遭到印度籍警察的驱赶推搡,陈宝骢大声愤怒地说:“这是中国土地,我有权讲话,你不许我站在路边讲演,我就在马路上边走边讲。”陈宝骢边走边演讲,加入游行队伍的人越来越多。“打倒帝国主义”“收回租界”“支援罢工工人”“替顾正红报仇”的口号声响彻云霄。陈宝骢被多名印度巡捕捉住双臂推入老闸捕房,里面已经有一两百位被逮捕的学生。游行人员见状涌入老闸捕房要求释放被捕人员，现场一片混乱，老闸捕房根本无法再容纳被捕的学生，巡捕只好用皮鞭、木棍驱赶并释放了部分人员。陈宝骢被打得遍体鳞伤，被驱赶了出去，但还有数十人未被释放。游行队伍再次涌入老闸捕房，英籍、印度籍巡捕则表现得更加凶残。陈宝骢被一个外国巡捕用木棍狠狠地打在头顶左边，当场头破血流，血流如注。游行队伍没有退缩，英国巡捕头子爱活生调集了11名印度籍巡捕、12名华籍巡捕，摆出一个半月形的阵势，面对赤手空拳的爱国群众并端起了枪支。面对敌人的枪口，陈宝骢高举沾满头上鲜血的毛巾，和尹景伊站在队伍前面，继续高喊口号，毫不畏惧。下午3时45分，爱活生用手枪指着人群喊“停停！”几秒之后，又一声“Fire！”（开枪！）一声枪响后，众巡捕向挤拥的人群连放了三排枪，大批游行学生及工人中枪。一颗子弹擦着陈宝骢的左耳，打中了身边的尹景伊的左胸，尹景伊随后又被两颗子弹由背部打中，倒在血泊中，随即被送到仁济医院抢救，但因伤势过重，晚上7时许壮烈牺牲，年仅20岁。上海大学的何秉彝也中弹牺牲。这天，帝国主义者共杀害工人、学生13人，另有数十人受重伤，受轻伤者不计其数，被称为“五卅惨案”。

满身血迹的陈宝骢之后也被送入宝隆医院，查阅《东方杂志·五卅事件临时增刊》可见：“陈宝骢左头枪伤，左肩棍伤”。其主治医生曾立群的证言道：“陈宝骢伤很重……（弹伤）其一是在头部，其一是在左耳边，约四生地米（厘米）至二生地米长，二三米里米（毫米）宽。”

陈宝骢的同学张象贤之后撰文记录其送院后情况：“余与陆之恒、陶维萱、陈世仁三君，代表全体同学赴院慰问。陈君昏迷中犹且呓语讲演，受此重大打击，不但毫无畏缩，抑且奋勉有加，其不屈不挠之精神，实至可钦佩！月余始渐就愈，出院之日，同学冒雨列队至数里外欢迎，热烈情况，莫与比拟！‘勇敢战士’之声誉，遂充盈于全校。夫为民族求解放，受重辱，冒万死，有此有价值之牺牲，宜乎其得全校同学敬爱！坚毅如此，勇敢如此，非唯我一校之荣，抑或我中华民族之光！”

“五卅惨案”后，北洋政府向英国政府提出交涉，但英方颠倒黑白，为制造血案的租界巡捕开脱。这次运动激发了中华民族的觉醒，推动了国民革命运动的发展，揭开了大革命高潮的序幕。

陈宝骢伤愈后，继续以上海工商学联合会经济绝交委员会主席身份开展学生运动工作。

拒绝在“誓约书”上签名

“五卅”运动激发了全国人民反帝、反封建的运动。1926年北京发生“三·一八”惨案后，上海公共租界工部局宴请市警察厅厅长及商业、教育等各界要人，策划防范学生运动。3月30日，同济大学校长阮尚介贴出布告，攻击和诋毁“五四”“五卅”运动，并要求每位学生以签署“誓约书”的形式保证今后不参加政治运动，否则学校将“即令退学”。该命令立即在广大学生中引起公愤。

1926年4月2日，全国学联发表《告上海同学书》，谴责同济校方以“重视学业”为借口，对学生剥夺自由，钳制学生言论。陈宝骢、詹大权等学生会干部纷纷拒绝在“誓约书”上签字。4月20日，学校当局宣布开除包括陈宝骢、詹大权、何同泽、吴羹梅在内的20名学生会干部。此举再度遭到广大学生的强烈反对，并最终引发了学潮。

1926年4月25日，学校学生会在《申报》上发表宣言，并将学校当局开除学生的通告和反对“誓约书”的380名学生签名一同刊出，以揭露事件的真相。阮尚介见被开除的学生不肯离校，便再次勾结淞沪警察厅，准备于26日傍晚安排军警逮捕被开除的学生。得知消息后，陈宝骢、詹大权、何同泽等在同学们的掩护下从学校后门撤离学校。

在反“誓约书”斗争中，全国学生总会、各地学联、社会各团体纷纷声援同济学生。1926年4月27日，国民党上海市执行部致电广州国民党中央，报告同济爱国学潮情况。国民党中央很快复电，赞扬了同济学生的革命精神，并欢迎被开除的学生赴广州继续学习或工作。广东大学也发电报给同济学生会，对学生们的行为表示“极为赞佩。如来广州，可开特别班，并给予特殊照顾”。

1926年5月10日，上海学联会请求广东大学在“原有之科系外，再行添设工科”，对同济离校学生予以收容。广东大学校长褚民谊回电称：“本校工科今年成立，先办土木与机械两科，同济学生有志来学，甚为欢迎。”此时詹大悲在广东的国民党中央党部担任要职，褚民谊便与詹大悲积极筹划同济离校生的转学事宜。同济离校学生得此消息后极为兴奋，集会决定派代表南下广州，以便筹划制定课程、班次及教员等问题。

1926年5月13日，同济大学学生会派代表陈宝骢、孙鸿荣、陈必贶三人赴粤。到广州后，他们即赴中央党部报到，中央党部两位领导人詹大悲和邓颖超极为“赞许同济学生的勇敢精神”。1926年6月1日《工人之路特号》载，广东“轰轰烈烈之五卅周年大会”上，在“商学台”报告“五卅惨案”经过者，为上海同济大学代表陈宝骢。邓颖超亦同台发表演说。其后至6月初，约100名同济学生分四批奔赴广州。6月8日，广东大学学生会开会欢迎各省来粤的学生代表，同济离校学生陈宝骢、王季甫应邀其中。6月18日《广州民国日报》载，“革命学生发起组织全国被压迫离校同学会”，陈宝骢为起草委员。

在各方的支持下，部分同济学生转入了广东大学等院校，继续学业。这一年，以国共合作为基础的国民革命军发动了北伐战争。其时周恩来也在广州，正担任国民革命军党代表。陈宝骢及部分南下的同济学生，遂参加了国民政府的北伐革命，为国家民族贡献自己的青春年华。据其小女儿介绍，在北伐战争之后，陈宝骢回到广州谋生，1935年左右曾经在广州东山开设“美丽园”花店。

1948年3月，同济大学校长丁文渊为陈宝骢补发了同济大学医学院的修业证明书。

担任军医　治病救人

1937年卢沟桥事变爆发，日本全面侵华，全国人民开始了不屈不挠的抗战。1938年1月，陈宝骢从广州赴武汉八路军办事处找到周恩来夫妇，要求参加抗日工作，周恩来夫妇分别为陈宝骢题词：“坚持长久抗战，争取最后胜利！”“为中华民族解放奋斗到底！”陈宝骢先后在武汉中国救护团第二大队、第八重伤医院、第五十九后方医院从事医务工作。1939年年初，经周恩来介绍，陈宝骢前往安徽泾县中村参加新四军，任教导总队医务处主任兼医务所所长。

陈宝骢后人保存有多幅他人赠陈宝骢的题词，是他参与抗战救亡的见证。其中有冯瀓先生1937年11月所题“救己救人”，下款标注“宝骢先生赴前线服务”；有广州基督教青年会1938年4月所题“为我们流血的战士请命”；有邢根西题“医国医民”，上款标注“宝骢同志北上救护纪念”；有丘瑞如题“救伤即是救国，舍君其谁，宝骢仁兄努力”；还有著名爱国人士、茶商刘敬之所题“仁心济世”。后者很可能是陈宝骢到达新四军军部时刘敬之所题。刘敬之家是在新四军军部所在地泾县，他本人积极支持新四军，其家宅更用于招待往来新四军将士，被誉为“义务兵站”。从这些题词可感知到众人对陈宝骢以医报国、以医抗战的肯定。

在担任新四军医务所所长期间，陈宝骢曾到中国香港、菲律宾、马来西亚等地向华侨募捐医疗器材及药品，并把三卡车的药品器材，送回新四军营地中。1940年陈宝骢计划奔赴八路军桂林办事处投奔周恩来，并打算先把年幼的儿女及家属送回广东老家。当年10月，途经江西上饶时，因年幼的孩子患病，盘缠用尽，无奈滞留于当地（此事或是1939年，据《江西省新四军老战士传略》载：1939年7月，在赴桂林途中被国民党阻拦，与我军失去联系）。由于新四军是直接隶属于国民政府第三战区长官部，当时国共两党的军队处于紧密合作的时期，时任第三战区长官部副官的李光明得知陈宝骢情况，遂举荐陈宝骢到位于上饶的第三战区司令部卫生处担任中校卫生督察。

1942年太平洋战争日趋激烈，4月18日美军十六架战机在杜立特上校的率领下，对日本本土实施首次空袭，此即为有名的“杜立特行动”。任务完成后，有四架美军飞机在上饶区域坠落，共有17名飞行员被上饶的军民营救。陈宝骢作为第三战区卫生处中校卫生督察及医生，参与了受伤飞行员的治疗并担任英语翻译。他与美国飞行员建立了友谊，并给美国飞行员留下一张留有姓名及工作地址的名片。2018年，美国飞行员的后代揣着这张名片及其他材料来到上饶，寻找当年救助其父的恩人。在上饶党校罗时平教授等人的努力下，最终找到陈宝骢的女儿陈抗谦及其他救助者的后人，为中美人民共同反抗法西斯的关系添上完美一笔。

退役后创办医院

1943年年初，陈宝骢辞去第三战区卫生处中校督察一职，在南门附近的福星观创办上饶灵山医院，笃志医疗，救伤治病。由于医术高明，待人友善，深为老百姓所称赞。

全国解放后，以“新四军开小差，贪污公款”等罪名，陈宝骢在镇压反革命运动中被错误地打成反革命，1951年被判刑6年入狱，给家庭带来厄运。他妻子孔藏珍也是广东新会人，助产学校毕业，在医院当助产士，因为承受不了丈夫入狱的打击，当年自杀身亡。刚刚考上武汉医学院的大女儿，因受不了父亲入狱、母亲自杀的双重打击，也自杀身亡。

遭遇连番不幸，坚强的陈宝骢没有就此消沉。在狱中，他发挥自己的医学特长，曾多次施手术救治病人。陈宝骢与国民党战犯蔡省三少将同囚一室一年多，戴脚镣、住小号，囚犯沙丁鱼似的挤着。蔡省三当年在上海参加“一二九”运动就听闻“五卅”运动陈宝骢的大名，想不到两人在狱中相识，成为无话不谈的好友。狱中夏季，天热异常，蔡省三全身长满痱子，脊背长出一个背疮，数日高烧不退，陷入昏迷状态。危急关头，陈宝骢挺身而出，向监狱管理人员争取到手术刀和消毒药水，在牢房里做了切除手术，蔡省三这才死里逃生。蔡省三后来被人民政府特赦，去了我国香港特区从事写作。2020年，101岁的蔡省三在《蔡省三传》中记忆犹新：“直到今天，我背上仍留着陈宝骢给我做手术的疮疤。每次洗澡抚到这块疮疤，我就想起陈宝骢，打心眼里感激陈宝骢。”

同时，陈宝骢也坚持为自己进行申诉，1953年上诉至最高人民法院，由上饶地区人民法院重审，给予平反，恢复名誉，并安排在上饶市第一人民医院担任医师。后来在反右运动及“文化大革命”中皆受批斗，所幸因其群众口碑较好，受冲击不算大。“文化大革命”后，担任了江西省第五、六两届政协委员及上饶市政协常委，为地方建设尽心尽力。两个儿子先后考入武汉医学院和山东医学院，二女儿考入南昌卫校，小女儿则从事教育。1983年2月4日，陈宝骢因病去世，享年86岁。

结语

陈宝骢的子女目前只有小女儿陈抗谦在世，现年84岁。笔者与其电话交谈时，惊讶于陈抗谦老人一口流利的粤语，原来，陈宝骢一家一直都是以乡音交谈。陈抗谦思维敏捷，声音洪亮，令人感到亲切。在她的记忆中，从未听父亲说起过给美国飞行员治疗伤情的事情。我想，这或许是他父亲这辈子的经历太丰富了，也或许对于他父亲来说，治病救人，本就是一个医生的本分职责，不值一提；就像在国家民族危难之时，奋不顾身，勇往直前也是每一个热血青年的天性。

参考文献：

1.陈崇兴主编:《外海龙溪志略续编》,旅港新会外海同乡有限公司1972年出版。

2.黄炎培:《清季各省兴学史》,载《人文》1930年第10期。

3.谭群玉、曹天忠:《岑春煊与清末新式教育》,《学术研究》2014年第10期。

4.邬庆时:《记伍老博士廷芳及伍博士朝枢父子一二事》,载广州政协文史网。

5.方绍毅:《民国文化隐者录》,金城出版社2010年版。

6.天津地方志编修委员会编:《益世报天津资料点校汇编》,天津社会科学院出版社1999年版。

7.《五卅事件临时增刊》,载《东方杂志》1926年第13期。

8.周恩来:《警厅拘留记》,中国社会科学院近代史研究所近代史资料编辑组编:《五四爱国运动》,中国社会科学出版社1979年版。

9.周恩来:《检厅日录》,中国社会科学院近代史研究所近代史资料编辑组编:《五四爱国运动》,中国社会科学出版社1979年版。

10.马惠卿:《五四运动在天津》,中国社会科学院近代史研究所近代史资料编辑组编:《五四爱国运动》,中国社会科学出版社1979年版。

11.佚名:《天津抵制日货经过》,中国社会科学院近代史研究所近代史资料编辑组编:《五四爱国运动》,中国社会科学出版社1979年版。

12.陈宝骢:《参加五卅反帝斗争的回忆》,《五卅运动史料》,上海人民出版社1981年版。

13.吴海勇:《钟英:中共中央在上海1921—1933》,上海人民出版社2021年版。

14.张象贤:《五卅运动中本校勇敢战士陈宝骢君》,载《老同济的故事》,凤凰出版传媒集团2007年版。

15.尚季芳、靳帅:《师生冲突与南北博弈——1926年同济大学“誓约书”风潮再探讨》,载《历史教学·高校版》2017年第9期。

16.《陈宝骢与杜立特行动飞行员》,载政协上饶市信州区委员会编:《信州文史·第五辑·抗战》,中国文史出版社2021年版。

17.罗时平:《一张上饶人名片让美国人惦记了76年》,载微信公众号《上饶记忆》2018年11月6日。

18.罗时平:《美国飞行员上饶救命恩人的后人终于找到了!》,载微信公众号《上饶记忆》2018年11月19日。

19.《江西省新四军老战士传略》,江西省新四军华中抗日根据地历史研究会,1997年。

标红者为陈伯涛

新会“机器王”陈伯涛

钱源初

2021年12月15日，笔者随同五邑大学广东侨乡文化研究院同人，在新会博物馆罗海涛先生的指引下考察新会抗战遗址，先后参观了大泽镇田金村烈士纪念碑、新会县委旧址、周达尚故居，司前镇白庙村松山炮楼，双水镇基背村斜楼、抗战纪念公园，以及崖门镇旺冲村永茂陈公祠、碉楼。这一次考察活动收获颇丰，最令人印象深刻的是崖门镇旺冲村。

旺冲村是著名侨乡，也是红色革命老区。从永茂陈公祠的革命历史陈列展可知，1937年该村侨眷陈华钜赴延安抗日军政大学学习，1938年被派回家乡组织成立旺冲乡抗日模范自卫队和青年抗日先锋队。抗战时期的抗日模范队、“抗先队”与“妇女抗敌后援会”驻守在该村多处碉楼。1948年9月中共新会区委在此设立“新烽出版社”，1949年5月成立的新南武工队与民兵部亦在此驻扎，1949年10月30日崖西地区第一面五星红旗在该村升起。在永茂陈公祠大门内侧显眼处，笔者注意到墙上悬挂着一幅一米多长的黑白照片，标题说明这是1956年4月12日拍摄的“毛主席和中共中央政治局委员出席1956年全国机械工业先进生产者代表会议的全体代表合影”。陪同的村支书介绍，来自旺冲村的陈伯涛作为广东代表之一参加了这次会议，并受到毛主席等中央领导人接见，他站立在大合影的第三行左起十六位。

善于修理、制造机器

陈伯涛是一位追求进步的革命青年，曾协助陈华钜开辟旺冲抗日据点。根据1988年《新会文史资料选辑》第31辑收录的曾国棠《1938年新会抗日救亡运动》一文显示，“中共党员陈华钜、李鸣夫妇，7月从延安学习回来，按新会区委指示，回崖西旺冲建立革命据点，筹组抗日保乡的民众武装。旺冲是一个侨乡，文化教育发达，民主气氛活跃，青年学生组成的群众团体有养正书社和强华体育会。陈华钜夫妇就以这些群众团体的青年为团结教育对象，而且得到在乡间较有威信的青年陈柏涛鼎力协助，很快形成了一个进步民主的核心，集中在村中北碉楼一起生活和学习，正式上政治课和游击战术训练”。这里提到的“陈柏涛”应为陈伯涛。据悉，抗战时期陈伯涛曾在云南、四川一带从事战备物资运输工作。1950年，陈伯涛任新会县第一届各界人民代表会议副主席。

陈伯涛善于修理和制造机器，被当地人称为“机器王”。中华人民共和国成立后在江门市人民机械厂工作，在大旱天时期，面对缺水的严重威胁，他通过简陋的物资制造出抽水机，解决了人民群众的燃眉之急，保障了人民群众的生产生活，得到人们的称颂。江门市人民机械厂前身为私营胜利机器厂，1951年1月改称江门市人民机械厂。1954年迁江门城区江北路北侧，东、北与蛇山村相接，南临蓬江、西临江门甘化厂公路，后改名为江门糖业机械厂、江门轻工机械厂、广东化工机械厂、江门市化工机械厂、江门机械厂。据1995年编纂的《广东省志·机械工业志》记载，1955年3月，时任江门市人民机械厂第三副厂长陈伯涛在广东省第一届工矿交通运输企业劳动模范代表大会中被授予“丙等劳动模范”称号。

赴京参加机械工业先进代表会议

1956年，“一五”计划进行得如火

如荼,全国上下工业企业涌现许多优秀先进工作者,为全国工业和社会主义发展奠定基础。1956年2月9日,中华全国总工会第七届执行委员会主席团第十次会议作出关于开展先进生产者运动的决议,发出了积极领导先进生产者运动的号召,将先进生产者运动广泛开展起来。

1956年3月12日,中共中央发出关于积极领导先进生产者运动的通知,“保证先进生产者运动的广泛开展,使这个运动成为最广泛、最深刻的群众运动,成为发展我国社会主义经济的强大动力”。因此,第一机械工业部、第三机械工业部与第一机械工会全国委员会联合决定于1956年4月上旬召开全国机械工业第一次先进生产者代表大会。基本目的是总结先进经验,在全国范围内进行宣传推广。

1956年4月10—19日,全国机械工业先进生产者会议在北京隆重召开,会议在北京饭店礼堂开幕,来自全国的769位机械工业先进生产者、先进单位代表,以及包括工人、工程技术人员、企业管理人员、医务人员、保育人员、炊事人员等222名列席代表,共有991人参加会议。来自广东新会的“机器王”陈伯涛作为机械工业先进生产者代表,赴京参加了这次重要会议。

这是新中国机械工业史上的一件大事,当日《人民日报》称之为“中国机械工业历史上规模最大的一次交流先进经验的会议”。

与毛泽东主席等中央领导人合照

会议紧锣密鼓地按步推进,1956年4月11日上午,第一机械工业部副部长汪道涵在会上作题为《关于在机械制造工业中开展先进生产者运动和推广先进经验的问题》的报告。12日下午,毛泽东主席和中共中央政治局刘少奇、周恩来、朱德、陈云、彭真、康生、邓小平等领导人在怀仁堂接见参加会议的所有先进生产者,并合影留念。陈伯涛作为先进生产者代表之一,有幸受到中央领导人的亲切接见,留下珍贵影像。19日下午,会议闭幕,由中国第一机械工会全国委员会主席康永和致闭幕词,号召全体先进生产者代表遵照毛主席的指示,“戒骄戒躁,兢兢业业,团结一致,和全体职工一起,为迎接党的第八次代表大会的召开,为全面地提前和超额完成第一个五年计划,贡献出一切智慧和力量”。

会议最后一致通过关于在机械工业中开展先进生产者运动的决议,出席会议的先进生产者、先进集体,被授予奖章、奖状、奖旗与奖金。作

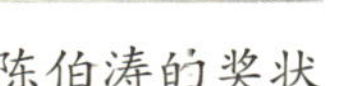

陈伯涛的奖状

为全国机械工业先进工作者之一，陈伯涛荣获先进生产者奖状。

陈伯涛作为基层“机器王”，因技术先进被选举为机械工业先进代表赴京参会，获得奖状，并与毛主席等中央领导人合照，这是江门作为一座老工业城辉煌荣耀的历史见证，也是江门老工厂光辉岁月的真实反映。2021年年底，江门甘化厂制糖分场及附属码头入选首批广东省工业遗产名单（全省5个项目），并入选第五批国家工业遗产名单，足以说明我市工业文化遗产资源的丰富，值得深入挖掘其背后深厚的工业文明内涵与时代印记。

赵灼：编译《纳氏英文法讲义》

蔡锋

台山市斗山镇浮石村，不仅以飘色闻名，且人才辈出，其中就有早年留学日本明治大学的赵灼（1879—1956 年）。他 1926 年编译出版的《纳氏英文法讲义》，用英文和中文讲解英文语法，是中国第一本英文语法书，全书四大册，为当时全国各大学采用的教材，对我国的英文语法教学和中文语法研究、推动中国近代英语教学贡献突出。

将《纳氏英文法讲义》引入中国

《纳氏英文法讲义》（Nesfield’s English Grammar Series）是英国语法学家纳斯菲（John Collinson Nesfield）于 1898 年为英国学生写的英文语法教材，由麦克米兰公司出版。

赵灼学成回国后，鉴于国内的大学和中学还没有用中文讲解英文语法的教科书，就着手将《纳氏英文法》译为中文，并针对中国学生的实际情况，增加了例句和详细讲解，定名为《纳氏英文法讲义》，于光绪三十三年八月初十（1907 年 9 月 17 日）在上海群益书社出版了该书的第一册、第二册。后于宣统元年（1909 年）出版第三册，1916 年出版第四册，四册书共约 3000 页。第一册供初中、第二册供高中、第三册供大学、第四册供非英语专业的研究生作教材用。

《纳氏英文法讲义》出版后，被很多大学和著名中学采用为英语语法教科书，很多学者也给予了高度评价。

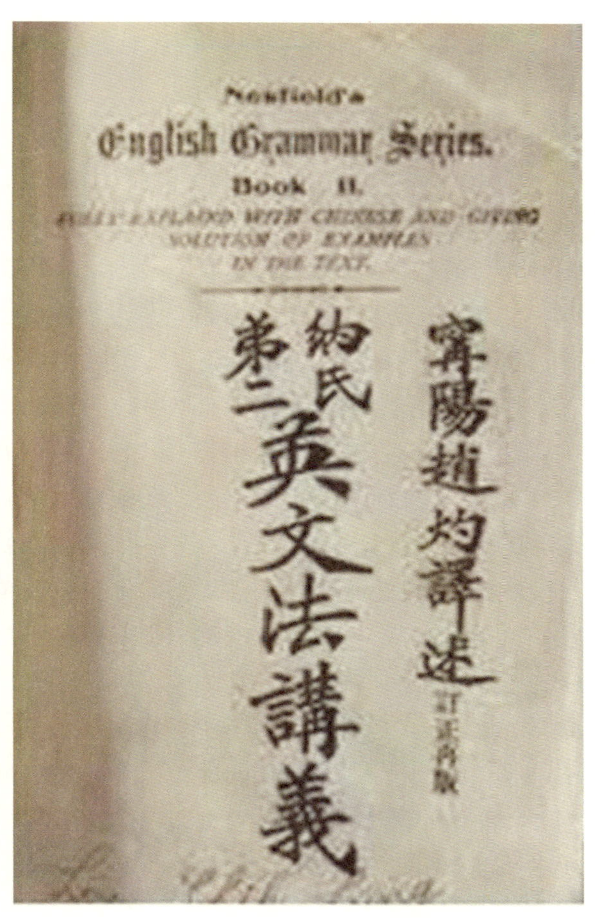

《纳氏英文法讲义》

历史学家季羡林说:“在这里用的英文教科书已经不能全部回忆出来。只有一本我忆念难忘。这就是Nesfield的文法,我们称之为《纳氏文法》。当时我觉得非常艰深,因而对它非常崇拜……这一本书给我提供了很多有用的资料。像这样内容丰富的语法书,我以后还没有见过。”

多次进行修订

《纳氏英文法讲义》从1907年9月到1949年,每年都要再版一次。每次再版,赵灼都会认真修订,并补充新的内容。中文部分,由古奥文言逐步改写为浅近文言,到改变为白话文,可以说他为此穷尽了毕生精力。例如第二册一个句子:“Under the shade of this fine old trees we need not shade our eyes from the glare of the sun-shine.”早期的译文是:“在此佳美老树之荫下,我等可无须掩目以避日光之闪烁。”在全国推行白话文后,他改译为:“在这棵美丽的老树树下,我们不必遮掩眼睛来避开阳光。”

在本书初版中，语法专有名词，如 noun、verb、pronoun、adjective、adverb、conjunction、interjection 等，起初他分别译为名物字、云谓字、称代字、区别字、疏状字、契合字、嗟叹字。“五四”运动后，他改译为名词、动词、代词、形容词、副词、连词、感叹词。这些新译，为后来的语法学家所采用，并且沿用至今。这是赵灼对现代汉语语法研究的重大贡献。

此外，赵灼也是我国汉语语法研究的指路人。孙中山在《建国方略》中指出：“中国向无文法之学，故学作文者非多用功于咿唔咕哔，熟读前人之文章，而尽得其格调，不能下笔为文也……自《马氏文通》出后，中国学者乃始知有是学。”正是在赵灼的影响和带动下，马建忠于1904年出版我国第一部古代汉语语法书《马氏文通》；1924年黎锦熙出版我国第一部现代汉语语法著作《新著国语语法》。这两本书都是以《纳氏英文法讲义》为蓝本写成的。

育有10个子女

赵灼育有10个子女，其中较出息的是长子赵炳权、次女赵方幸和次子赵慕志。

赵炳权（1919—2011年），纽约大学硕士毕业，回国后加入中国共产党领导的东江纵队，历任政治部宣传委员、政治部机关政委。后在清远、翁源、花县一带领导粤北游击队。中华人民共和国成立后在广州从事对外文化交流工作。1961年曾率领广东粤剧团访问越南。后调北京从事翻译工作。

次女赵方幸（1922—2012年），1951年后任中央音乐学院作曲系教授、中国视唱练耳学会理事，作品有《视唱练耳》《简谱视唱》《音乐基本知识》《新北京，新奥运》（作词作曲）等。

次子赵慕志（1924—2006年），1949年12月起任广州《南方日报》专职摄影记者，兼任《人民日报》、《人民画报》、新华社特约记者，中国摄影家协会常务理事。

吴有恒(右)

吴有恒鲜为人知的往事

谭国锋

作为一名从戎、从政、从文都非常出色的人物,吴有恒在广东甚至中国,都有着重要的地位。2022年1月2日,笔者通过恩平市党史办黎胜华的介绍,有幸认识了吴有恒的孙子吴华国,听他讲述吴有恒鲜为人知的几个故事。

廖承志教他玩魔术

晚年的吴有恒曾给几岁大的孙子吴华国表演过魔术。只见他的手里放着香烟,手一拍,香烟就不见了;银元明明放在耳边,不知怎么一回事,忽然也不见了。这样的魔术,让小小的吴华国很佩服。

吴有恒告诉吴华国,这些魔术是八路军香港办事处主任廖承志教他的。其时,吴有恒在香港,归廖承志领导,时时要冒着生命危险从事革命工作。为了让吴有恒在送情报遇到敌人的搜查时能保证情报的安全,廖承志就教了一些魔术给吴有恒。

1939年1月16日，根据党中央六届六中全会的决定，以周恩来为书记的中共中央南方局在重庆正式成立，直接领导四川、云南、贵州、湖北、湖南、广东、广西、江苏、江西、福建以及香港、澳门地区的党组织。

周恩来曾经发电报给廖承志。吴有恒其时在中共香港市委工作。他将记录了电文内容的情报折为小纸条，自己打扮成中学生模样，以去打球的样子为掩护，和同志接头。回程时，吴有恒遇上了巡捕搜查行人。他就运用魔术，将情报收藏起来，最终顺利过关。这件事让吴有恒惊叹廖承志有先见之明。

叶挺送他手枪

1938年10月12日，日本军在广东惠阳县大亚湾登陆。广州地区和东江下游各县相继沦陷。八路军香港办事处主任廖承志，召集了中共香港市委书记吴有恒和香港海员工委书记曾生共同商讨对策。并决定派曾生回惠阳、宝安一带组织抗日武装，带领民众抗击日寇的侵略。同时，由香港市委抽调200名党员和知识分子作为武装队伍的骨干。曾生负责的中共香港海员工委的工作，改由吴兼任。

日军在大亚湾登陆后，占领了广九铁路沿线，溃败的政府军队退到深圳河边，将全部枪枝丢到深圳河里。吴有恒动员和组织香港工厂的70多名工人，捞起深圳河里的全部枪枝，并组成一支香港工人的抗日武装队伍，由他带到惠阳坪山，交给“惠宝人民抗日游击总队”总队长曾生。

同年10月21日，广州沦陷，第四战区司令部由余汉谋带领退往粤北韶关。余任命叶挺为东江游击指挥。该指挥部需要一支警卫武装队伍，叶挺到香港通过廖承志找到领导珠江三角洲和东江下游各县工作的粤东南特委，由特委派组织部长吴有恒负责调动组织了30余人，组成一个武装排，随同叶挺于12月间开到深圳墟鸿兴酒家建立起东江游击指挥部。

其后，叶挺离开东江返回新四军。临行前，他送了一支曲尺手枪给吴有恒留念，吴有恒后来将这支手枪送给了曾生。

原配和儿子也是革命者

吴华国说，他的奶奶冯明仲是吴有恒的原配，恩平县牛江镇马龙塘村人，生于1912年。冯明仲与吴有恒成亲后，也跟着吴有恒成了提着脑袋搞革命的地下交通员。她经常背着两岁大的儿子吴锦湖徒步到十多公里外的三坑村的革命根据地传递消息。

新中国成立后，党和政府安排冯明仲在广州电池厂工作。1990年，冯明仲因病于广州去世，享年79岁。

吴有恒的长子吴锦湖出生于1936年，很小的时候就参加了革命。

吴华国说，1948年，吴有恒的警卫员吴贵去恩平沙湖上凯岗村吴有恒的家里，同吴有恒的父亲吴华炳商量，要带吴锦湖去打游击，怕他留在家里会被敌人杀害。

吴华炳虽然不舍得让才12岁的孙子受那打游击的风餐露宿之苦，但为了孙子的生命安全，他还是让吴锦湖跟着吴贵去找吴有恒。于是，吴锦湖就这样走上了革命的道路。

对于吴锦湖的走上革命道路，吴有恒的大女儿吴小坚另有说法：

到了1948年听说国民党要抓捕父亲，家中老少全变得坐立不安。老祖父跟三叔去江门、湛江避难，哥哥在恩平郁文中学读书，国民党军和走狗们吠声吠影，百姓日夜担惊受怕。一天下午四时左右，哥哥所在的中学已经下课，突然枪声响起，由远渐近越来越频密，原来村子被国民党军队突然包围……国民党兵撤退之后，哥哥虽只是12岁少年，但心中亦明白惊

吴有恒（左）

险未解，走为上策！他将全身两件薄衣打了个小包袱准备上路。亲叔叔吴志强也是中共地下党员，他派人来告诉哥哥：你父亲带领的游击队大概结集在高明、鹤山一带，为了活命只管去找队伍吧。哥哥辞别了生母踏上寻父之途，历经千辛万苦终于找到了父亲。

无论是吴华国的说法还是吴小坚的说法，都明确了吴锦湖在1948年正式参加革命队伍的事实。

姐姐和妹妹命运坎坷

吴华国说，吴有恒的大姐彩玉经人介绍，许配给一个刘姓华侨。

吴有恒的父亲没见过女婿，只见了那家人托媒婆送过来的相片，很满

意，就同意了这门亲事。

因为小刘还在国外，一时不能回国成亲，吴有恒的大姐是抱着公鸡（代表丈夫）拜堂成亲的。

结婚19年后的某一天，彩玉在村里的井边打水，见到一个戴着金山帽的西装客人走了过来，看到那个人的样子，她就猜测这个人可能就是自己的丈夫，他从国外回来了，毕竟她有丈夫的照片。后来证实她猜得没错，那个人就是她素未谋面的丈夫。

那个人向彩玉打听她父亲的房屋在何处。她故意指错了路，让那个人绕了许多冤枉路。

她飞快地跑回家里，梳洗一番，这才见丈夫。

丈夫住了一个月，又出国了。从此没有回来过，但有瞻养妻儿的钱寄回来。她的儿子刘积新比吴有恒的长子吴锦湖大一岁，是在外公家里长大的，终生没见过父亲一面。

吴华国说，吴有恒的二姐是个浪漫的女子。她喜欢上一个来打棉胎的外地小伙子，就跟小伙子私奔。两人被吴族的人捉拿回来后，那男的被捆绑到猪笼里，扔下水里，淹死了。

被关在家里的吴二小姐知道心上人死后，就在家里上吊自杀了。

依照当时当地风俗，因为她还没有出嫁，她的尸体不能从门口抬出。于是，有人献计在房屋的走廊凿开屋顶，将她的尸体吊上去，再放到门外，抬走。

吴华国说，吴家三小姐是吴有恒的妹妹。她一出生，就有习惯搬弄是非的人认定她“脚头不好”（出生得不是时候），八字和她的爷爷相冲，会克她的爷爷。于是，她就被卖去了相邻的山区。

吴华国说，吴有恒的父亲是个练武的人，80岁时还能挥舞大关刀。这样一身武力的猛汉，也扛不住封建势力对女儿的迫害。

吴有恒的父亲有几次带着年幼的吴有恒去沙湖圩饮茶。买了吴有恒的妹妹的那户人家时时带着女儿（吴三小姐）去沙湖圩卖柴。吴家一直都买那家人的柴和山货，大家彼此都心照不宣。

吴有恒出身于富裕家庭，但最终义无反顾地走上了革命的道路，直接原因是好友肖殷和共产主义的引导，也和他幼年时耳闻目睹的二姐和幼小的妹妹的不幸命运不无关系。那时他虽然无力反抗，但他幼小的心灵里，早已埋下了反抗旧社会、旧制度、旧礼教的种子。

叔父是他的启蒙老师

吴有恒的启蒙老师，是他的亲叔

父吴华朝（字彬诺，号在湜）。

吴华朝自幼勤读经史，与吴汝让（后考取进士，曾任浙江省高等法院院长）替别人考秀才试，动辄得手，被当时人誉为“枪手”。

吴华朝见侄子吴有恒智商高，聪颖过人，就有意栽培。吴有恒自小就被吴华朝带在身边，听他讲《三国演义》《水浒传》《封神演义》等故事，并跟他诵读诗词、歌赋和古代名篇佳作。

吴有恒成年后，以博学多才闻名，就是从这时候打下的基础。

吴华朝是当地较有名望的中医。有一回，吴华朝从死亡线上救活了恩平县圣堂区村乡山爪村的一个家境富裕的冯某。冯某为了报答他的救命大恩，将一个婢女送给他为妾。后来，这个妾生了一个女孩。此前，吴华朝的原配已生了一个儿子和四个女儿。这第五个女儿就被取名为“五好”。这个名字，有时会让人故意说成是“唔（不）好”。因出身与名字不好，五好在家庭中的地位低贱，经常挨打受骂。

吴有恒和弟弟吴志强对这位堂妹很是同情和亲近，对他人说起她，从不说她是堂妹，而是称呼她为妹妹。这就使得堂妹对他们产生了亲近和感激之心，后来更是跟着他们兄弟俩参加了共产党。

聆听过刘少奇的教导

吴华国说，吴有恒去参加七大的路上，到过新四军总部。

1939年11月，吴有恒当选为中共七大代表。按上级通知精神，他和另外4名香港代表，与古大存等5名广东代表共同组成代表团，启程前往延安。代表团首先进入东江游击区，经惠阳、连平到韶关。当时广州沦陷，中共广东省委已迁至韶关。遵照广东省委的指示，代表们乔装打扮分别前往广西桂林。在八路军驻桂林办事处集中后，吴有恒等代表乘坐新四军提供的军车，直抵安徽黄山附近的太平镇，下车后徒步越过黄山，继续步行来到新四军军部驻地泾县。再由新四军派部队护送过长江进入皖中解放区。直至1940年春节后不久，代表们才到达新四军江北指挥部驻地定远县。

当时，中共中央中原局也设于此。吴有恒和古大存等遂去中原局报到，第一次见到了中原局书记刘少奇，并聆听了他的教导，比如：一是怎样起兵（发展武装）？二是如何成立县政府？三是货币不能滥发，物值应该相等。

1945年4月至6月，吴有恒等作为大后方代表团成员出席中共七大。

寒月夜归图　长卷

《寒月夜归图》的故事

陈飘石

《寒月夜归图》是岭南书画名宿陈语山先生早年为我家创作的一幅山水长卷。画卷记载了我家80多年前一段沉痛的往事，徐悲鸿、冯康侯、冯缃碧、唐一丰等多位艺术家参与其中的创作及题跋，寄托了众人对一位意外早逝的岭南英才的怀念，也见证了抗日救亡运动、土地改革等各种历史事件下的家国悲欢。

——作者按

寒月夜归图　局部

我家世居江门市外海乡（现为江海区外海街道）。外海别称龙溪，位于西江西岸，原属新会县，后划归江门市。此处山清水秀，物产富饶。元初外海陈氏由福建莆田迁入，乃名门大族。明代大儒陈白沙曾在外海赤坭山筑馆读书，陈氏子弟受白沙学说熏陶，文化氛围甚为浓郁。外海遂成为远近驰名的文化之乡。

我家祖上几代非常重视教育。曾祖父在后花园中，遍植青松翠竹果树，又筑两层青砖小屋，名曰“松友书庐”，我祖父楚卿、二叔公馥卿及三叔公讱卿年轻时即在此读书写字，吟诗填词。三叔公讱卿至为聪颖，尤好丹青，考取了广州市立美术专科学校，专攻国画。

1936年腊月，讱卿计划乘船回乡度寒假，遂提前修书告知家中消息并附新作七绝《寒月夜归》一首，诗曰：

舍却归艘上露堤，
依稀闻得远村鸡。
眉月有情斜烛我，
凄迷重认旧时蹊。

祖父收信阅后，隐隐有不祥之感，但也不好说什么，只能默默期盼讱卿早日归家。到了船期该到达的那天，却接到讱卿之客船在顺德甘竹滩触礁沉没、全部乘客遇难之噩耗。全家顿时肝肠寸断。

在悲痛与思念中，来到了次年。祖父的同族昆仲兼同窗好友陈语山先生由广州回乡。陈语山，名汉普，曾师从岭南派高奇峰先生，是广州美专首届毕业生，其时于广州美专担任教职。语山先生对讱卿不幸遇难十分痛惜，祖父遂请求语山先生绘一国画以寄哀思。语山先生便以讱卿遗作“寒月夜归诗”立意，时而在我家松友书庐操笔，时而在其家中紫藤花馆弄墨，历时数月，1938年秋绘制完成山水十米长卷题曰《寒月夜归图》，画中山水为广州至外海段西江的沿岸景观，中有一人乘微茫月色夜行，意境萧索凄寒。

据祖父所述，创作期间语山先生在广州美专的同人、鹤山籍画家冯缃碧先生亦曾提笔参与少许润色。画稿完成后，祖父和语山先生又专门到广州找他们的好友篆刻名家冯康侯先生题写了卷首“寒月夜归图”五字。祖父的另一位至交唐一丰先生

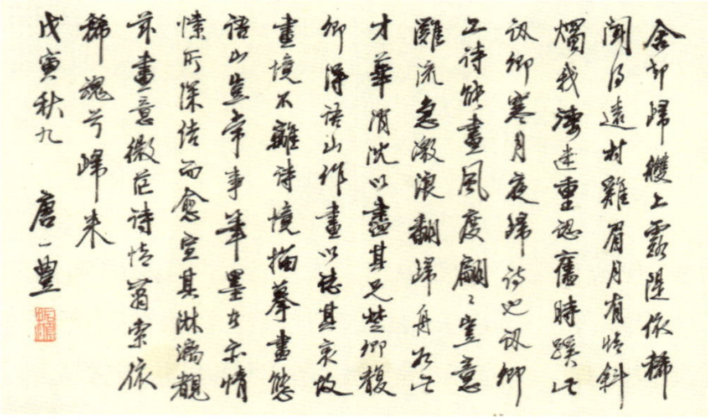

唐一丰先生之跋文

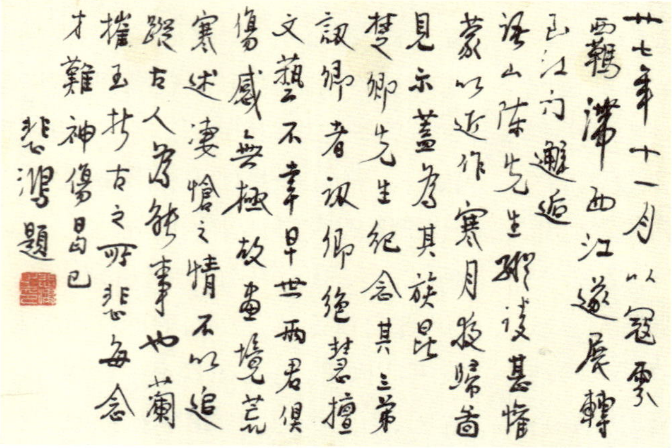

徐悲鸿先生之跋文

(唐一丰,字振鸿,号丰园,外海麦园人,时任外海某学校教员)则作了跋文。跋文如下:

舍却归艭上露堤,依稀闻得远村鸡。眉月有情斜烛我,凄迷重认旧时蹊。此讱卿寒月夜归诗也。讱卿工诗能画,风度翩翩,岂意滩流急激,浪翻归舟,如此才华,消沈以尽。其兄楚卿馥卿得语山作画以志其哀,故画境不离诗境,描摹尽态。语山岂常事笔墨者,亦情愫所深结而愈宣其淋漓。睹兹画意微茫,诗情萧索,依稀魂兮归来。戊寅秋九。

同年,日寇的全面侵华令武汉、广州相告沦陷,全国有志之士奋起参加救亡。时任重庆中央大学美术教授的徐悲鸿先生,也准备由香港中转赴新加坡卖画筹款救亡。其时赴港陆路已受阻,据闻江门尚有船可达香港,遂辗转由重庆到桂林,再沿西江坐船抵达江门,并滞留江门多日以等待船期。语山先生得知悲鸿先生到了江门,遂邀其到外海,陪同游览了外海茶庵寺等当地名胜,并安排暂住于乡绅陈寿樵老先生家,后又邀至我家松友书庐宴聚。悲鸿先生、语山先生与我祖父都是好酒豪爽之人,席间举觞把盏,畅谈甚欢,既谈艺术,又谈国是。后当谈及我三叔公的文艺才华和海难事件时,悲鸿先生表情凝重,深表惋惜。席后，祖父和语山先生展示了《寒月夜归图》，请悲鸿先生指正并题跋。悲鸿先生提笔疾书，一气呵成，怜才之意，溢于言表。跋曰：

廿七年十一月以寇氛羁滞西江，遂辗转至江门，邂逅语山陈先生，纵谈甚欢，蒙以近作寒月夜归图见示，盖为其族昆楚卿纪念其三弟切卿者，切卿绝慧擅文艺，不幸早世，两君俱伤感无极，故画境荒寒，述凄怆之情，不以追踪古人为能事也。兰摧玉折，古之所悲，每念才难，神伤曷已。

徐悲鸿先生除了为我家创作此题跋外，为乡绅陈寿樵等也创作了几幅画作和一幅对联，其中一幅《秋江骏马图》和对联现藏新会博物馆，其余画作已轶。

没几天，徐悲鸿先生终于等到开往香港的轮船，然后辗转到了南洋，进行卖画筹款抗日运动。徐悲鸿先生之后未再来过江门。他在其《西江漂流记》日记及十二年后的论文《漫谈山水画》中，均记载了在江门的经历及在外海为《寒月夜归图》题写跋文的事情。

陈语山先生和冯康侯先生均于1949年赴香港定居，大时代为双方划开了一道鸿沟，从此祖父和他们音信

松友书庐

断绝，咫尺天涯，无缘会面。而唐一丰先生留在乡中，后来因事自杀身亡，他为画卷的题跋成为其仅存于世之文字。祖父后来获知其死讯，沉痛不已，曾赋词一阕以悼之：

琐窗寒

丰园词长，性僻违俗，中岁而后养病家园，抱恨以没。昙花一瞬，幻影皆空。福慧难修，繁华易歇。乡园吟侣，又失一个。山河修阻，耳焉未详。盖已寒暑，环周秋风又至。南游索居，淫雨恼人。读玉田哀中仙词，有怆于怀，因成此解，用玉田原韵。

藓积黏垣，苔浓蔽径，沁芳园外。酣吟醉卧，长日桂花香里。写新词、雄挥健腕，兔毫翰染笺金碎。况当筵索句，持螯唤酒，雅人深致。

浑是。苍茫意。怅玉瘗荒峦，恨随流水。昙花凋悴。怆泉路徒增才鬼。更连夜风雨肆狂，断瓴骤滴相思泪。念荻塘，月冷蛩号，宿霜凝败苇。

其时祖父、二叔公皆在广州谋生，很快，外海开展了土改运动，因家里有一些田地，家里的成分被划归地主，所以松友书庐要被没收并交由农民居住。慌乱中，松友书庐中大量的字画书籍，或被毁或被盗，一片狼藉。而《寒月夜归图》的画稿及题跋被当时尚年少的父亲偶然捡回（当时还没装裱），并借机交回我祖父藏好，从而得以幸存。稍遗憾的是卷首的冯康侯题字一段遗失了。

时光变迁，经历多场风雨后，松友书庐终因新政策而完璧归赵。天南地北的一家人，相聚于松友书庐，重新端视这幅珍贵的《寒月夜归图》长卷，追忆往昔，恍若隔世。

《寒月夜归图》画成时，祖父楚卿、二叔公馥卿均曾撰诗词多首以作纪念，但久经尘劫，散失无存。20世纪90年代初，祖父步讱卿《寒月夜归诗》原韵补题了五首。诗中并没有凄清及伤痛，只有一种淡淡的回忆，一种劫难后的天高云淡。其时祖父眼力已不好，由我代为抄录。

十里鲟江十里堤，村闾旷远未闻鸡。鲤鱼山下多船过，谁悯纤夫涉险蹊。

微茫月色映荒堤，葵荔园前唤宿鸡。垄上如今人迹少，茶寮榕荫早成蹊。

避雨亭临古渡堤，婆孙墟市买鹅鸡。水涨西华田畔远，趁船游子趋葵蹊。

寺屺坛倾石鼓堤，民房迁后不闻鸡。红棉一树去何处，野蔓纵横掩石蹊。

石炮台护沙澜堤，临近村童互养鸡。今日台崩人亦老，犹谈曾戏庙前蹊。

二叔公馥卿后也作律诗一首并亲笔补记于画轴后以作纪念：

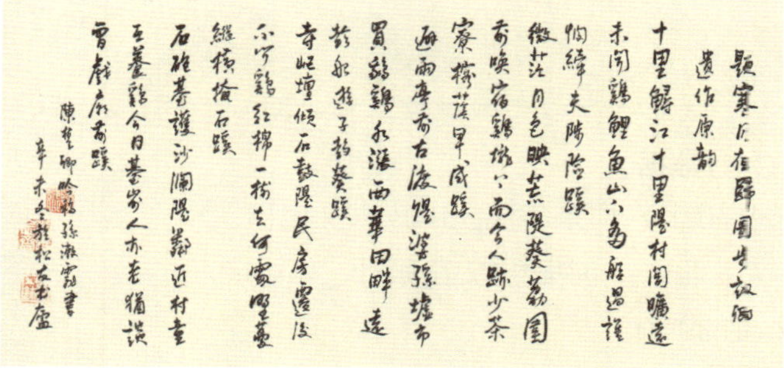

祖辈纷纷离世后，他们生前述说往事的情景，不时闪过我的脑海中。我利用互联网，收集了陈语山先生的一些信息，从而得知其公子陈用博士。陈用博士克绍箕裘，文理兼通，也是香港有名的书画家。经多番努力，我终于在2016年与陈用博士取得联系。陈博士旋即特意返乡，到访松友书庐，与我家共叙沧桑。陈用博士应我之请，用古雅的小篆，补题了“寒月夜归图”卷首大字。这幅历经波折的画卷，80多年后，经过三代人的努力，终于弥补了种种的遗憾。

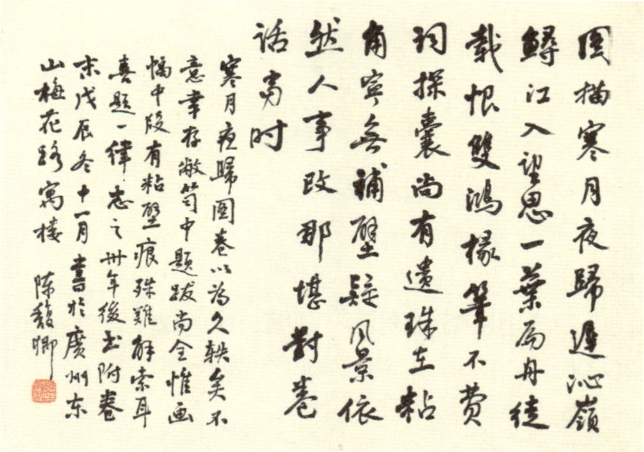

西江水日夜流淌，沧海桑田，西江畔的古炮台、碉楼、清澜庄，已随历史的流逝灰飞烟灭了。只有这幅略显残旧的画卷，默默记录了这些曾经的景物，也见证了这段纷繁复杂的历史变迁。收起画卷，夜已深，抬头望窗外，月色一片清凉。

陈楚卿题诗

陈馥卿自书诗

图描寒月夜归迟，
沁岭鲟江入望思。
一叶扁舟徒载恨，
双鸿椽笔不费词。
探囊尚有遗珠在，
黏角宁无补壁疑。
风景依然人事改，
那堪对卷话当时。

图书在版编目(CIP)数据

江门文史. 第五十五辑 / 广东省江门市政协文化和文史资料委员会编. -- 北京 : 中国文史出版社，2024.6.

ISBN 978-7-5205-4739-0

Ⅰ. K296.53

中国国家版本馆CIP数据核字第2024T1Y735号

责任编辑：张春霞

出版发行：中国文史出版社
社　　址：北京市海淀区西八里庄路69号院　邮编：100142
电　　话：010-81136606　81136602　81136603(发行部)
传　　真：010-81136655
印　　装：佛山市印美图数字印刷有限公司
经　　销：全国新华书店
开　　本：787mm×1092mm　1/16
印　　张：11
字　　数：180千字
版　　次：2024年7月北京第1版
印　　次：2024年7月第1次印刷
定　　价：66.00元